Betriebsübergang in Europa

Schriften zum Arbeitsrecht und Wirtschaftsrecht

Herausgegeben von Abbo Junker

Band 50

PETER LANG
Frankfurt am Main · Berlin · Bern · Bruxelles · New York · Oxford · Wien

Abbo Junker (Hrsg.)

Betriebsübergang in Europa

Symposion aus Anlass des 10-jährigen Bestehens der Schriften zum Arbeitsrecht und Wirtschaftsrecht

PETER LANG
Internationaler Verlag der Wissenschaften

Bibliografische Information der Deutschen Nationalbibliothek
Die Deutsche Nationalbibliothek verzeichnet diese Publikation in der Deutschen Nationalbibliografie; detaillierte bibliografische Daten sind im Internet über <http://www.d-nb.de> abrufbar.

Gedruckt auf alterungsbeständigem,
säurefreiem Papier.

D
ISSN 1433-4666
ISBN 978-3-631-58264-0

Printed in Germany 1 2 3 4 5 7

www.peterlang.de

Vorwort

Als der damalige Göttinger Assistent Dr. Christoph Lerche im Jahr 1997 vorschlug, für die am Institut entstehenden arbeits- und wirtschaftsrechtlichen Dissertationen eine Schriftenreihe zu gründen, war nicht abzusehen, dass sich schon zehn Jahre später die Anzahl der Bände auf die Zahl 50 zubewegen würde. Dabei ist allerdings nur etwa die Hälfte der den Arbeiten zugrunde liegenden Promotionen von mir betreut oder mitbetreut worden; die andere Hälfte stammt von Doktorandinnen und Doktoranden aus ganz Deutschland, die auf unterschiedlichen Wegen – teils über den Verlag, teils über Kollegen – mit der Schriftenreihe in Kontakt getreten sind. Aus diesem Kreis ist die Anregung gekommen, aus Anlass des Erscheinens von Band 50 ein Symposion der ehemaligen Doktorandinnen und Doktoranden zu veranstalten, mit dem zugleich dem Peter Lang Verlag für zehn Jahre erfolgreiche Zusammenarbeit Dank abgestattet werden soll.

Als übergreifendes Thema, das Bezüge zum Arbeits- und zum Wirtschaftsrecht hat und zugleich die rechtsvergleichende und europarechtliche Orientierung der Reihe unterstreicht, bot sich das Recht des Betriebsübergangs an: Es ist auf der Grundlage einer der ältesten arbeitsrechtlichen Richtlinien der EG harmonisiert, weist aber doch hinreichende nationale Besonderheiten auf, die einen Vergleich als lohnend erscheinen lassen. Ausgewählt wurden das Recht Großbritanniens und Frankreichs, eine weitere romanische Rechtsordnung (Spanien) und ein skandinavisches Recht (Dänemark). Als Herausgeber des „Jubiläumsbandes“ danke ich den Verfasserinnen und dem Verfasser und wünsche den Lesern, dass sie von der Lektüre der Beiträge genauso profitieren wie die Teilnehmer des Symposions am 10.10. 2008 von den Vorträgen und der Diskussion.

München, November 2008

Abbo Junker

Inhaltsverzeichnis

Der Betriebsübergang *(transfert d'entreprise)* im französischen Arbeitsrecht
(von *Tina Luise Allenberg)*

I. Einleitung 1

II. Voraussetzungen 3

1. Übergang einer eigenständigen wirtschaftlichen Einheit 4
2. Betriebsfortführung *(continuité de l'entreprise)* 5
3. Prüfung durch die nationalen Gerichte 5
4. Anwendungsfälle 6
   a) Übergang von dem privaten auf den öffentlichen Sektor 6
   b) Betriebsübergang in sogenannten „arbeitskraftgeprägten Branchen" 7

III. Verfahren 8

1. Allgemeine Informations- und Konsultationspflichten 9
2. Umfang der Informations- und Konsultationspflicht 9
3. Individuelle Information der Arbeitnehmer 10
4. Folgen einer Pflichtverletzung 10
5. Besonderes Verfahren 11

IV. Rechtsfolgen 12

1. Übergang des Arbeitsverhältnisses 12
   a) Widerspruchsrecht des Arbeitnehmers? 13
   b) „Weigerung" des Betriebserwerbers 15
2. Änderung oder Beendigung des Arbeitsverhältnisses aus Anlass eines Betriebsübergangs 15
   a) Wahlrecht des Arbeitnehmers 17
   b) Fortsetzungserklärung des Arbeitgebers 18
   c) Widerspruch des Arbeitnehmers 18
3. Haftungseintritt des neuen Arbeitgebers 19
4. Fortgeltung *(maintien provisoire)* kollektiver Normen 19
   a) Tarifverträge und Tarifabkommen 19

b) Sonstige kollektive Normen 21
5. Stellung der Arbeitnehmervertreter 22
V. Fazit 24

Der Betriebsübergang *(sucesíon de empresa)* im spanischen Arbeitsrecht
(von *Martin Fröhlich)*

I. Einleitung 27
II. Voraussetzungen des Betriebsübergangs 27
1. Inhaberwechsel 27
a) Durch Rechtsgeschäft 28
b) Auf andere Weise 29
2. Identitätswahrung der wirtschaftlichen Einheit 30
a) Begriff der wirtschaftlichen Einheit 30
b) Wahrung der Identität 31
III. Verfahren 33
1. Informationspflichten 33
2. Konsultationspflichten 34
IV. Rechtsfolgen 35
1. Übergang des Arbeitsverhältnisses 35
2. Kein Widerspruchsrecht 36
3. Kündigungsschutz 37
4. Haftung 37
a) Verpflichtung vor Übergang 38
b) Verpflichtung nach Übergang 38
c) Vom Schutzbereich erfasste Arbeitnehmer 39
5. Fortgeltung der Kollektivverträge 39
6. Stellung der Arbeitnehmervertreter 43
V. Fazit 44

Der Betriebsübergang *(Virksomhedsoverdragelse)* im dänischen Arbeitsrecht (von *Julia Koch)*

I. Einleitung 45
II. Persönlicher Anwendungsbereich des Betriebsübergangsgesetzes 46
III. Voraussetzungen des Betriebsübergangs 49
1. Übergang eines Unternehmens oder Unternehmensteils 49
a) Begriff des Unternehmens oder Unternehmensteils 49
b) Wahrung der Unternehmensidentität 50
c) Rechtsgrundlage des Betriebsübergangs 53
2. Übergang auf einen anderen Inhaber 55
IV. Informationspflicht des Arbeitgebers 55
V. Rechtsfolgen des Betriebsübergangs 56
1. Zeitpunkt des Übergangs 56
a) Eintritt in die Rechte und Pflichten aus dem Arbeitsverhältnis 56
aa) Individuell vereinbarte Arbeitsbedingungen 57
bb) Kollektive Vereinbarungen 58
b) Änderung von Arbeitsbedingungen 60
c) Widerspruchsrecht des Arbeitnehmers 61
2. Kündigungsschutz 62
3. Haftungseintritt des Erwerbers 64
4. Rechtsstellung der Arbeitnehmervertreter 65
VI. Fazit 66

Der Betriebsübergang *(transfer of undertakings)* im englischen Arbeitsrecht (von *Manuela Rauch)*

I. Einleitung 67
II. Voraussetzungen des Betriebsübergangs 69
1. Undertaking 69
a) Wirtschaftliche Einheit 69

b) Wahrung der Identität 71

2. Transfer 72

a) Rechtsgeschäft 72

b) Ablauf 73

3. Outsourcing 73

4. Anwendungsbereich 76

5. Zeitpunkt des Betriebsübergangs 77

III. Widerspruchsrecht der Arbeitnehmer 78

IV. Informationspflichten gegenüber dem Erwerber 79

V. Beteiligung der Arbeitnehmervertretungen 80

VI. Rechtsfolgen des Betriebsübergangs 81

1. Individualarbeitsrecht 81

a) Kündigungsverbot 82

b) Verbot inhaltlicher Änderungen 85

c) Kontinuität des Arbeitsverhältnisses 87

2. Kollektive Ebene 87

3. Haftung 88

4. Insolvenz 88

VII. Zusammenfassung und Ausblick 89

Anhang: Entscheidungsverzeichnis 91

Sachregister 95

Der Betriebsübergang *(transfert d'entreprise)* im französischen Arbeitsrecht

von *Tina Luise Allenberg*, München*

I. Einleitung

In Frankreich finden sich die Regeln über den Betriebsübergang[1] vor allem in Art. L. 122-12 Abs. 2 des Arbeitsgesetzbuchs[2] *(Code du travail*, CT), bezeichnet als „Änderung der juristischen Situation des Arbeitgebers"[3]. Diese Regelung stammt aus dem Jahr 1928[4]. Anders als beispielsweise in Großbritannien oder Dänemark[5] bestand in Frankreich bereits eine gesetzliche Regelung über die

---

* Ass. iur. Tina Luise Allenberg, Licenciée en droit, ist Wissenschaftliche Assistentin am Zentrum für Arbeitsbeziehungen und Arbeitsrecht (ZAAR), München.

1 Ausführlich zum Betriebsübergang in den Mitgliedstaaten aus rechtsvergleichender Sicht: *Laulom*, Droit social (Dr. soc.) 1999, 821 ff.

2 Art. L. 1224-1 des neuen Arbeitsgesetzbuchs (Nouveau Code du travail, NCT). Das französische Arbeitsgesetzbuch ist Gegenstand einer umfassenden Neukodifizierung, die zum 1.5. 2008 in Kraft getreten ist. Ziel dieser sogenannten „recodification à droit constant" war die redaktionelle Überarbeitung des Gesetzbuches ohne inhaltliche Änderung der Vorschriften. Der Gesetzestext des Code du travail, des Nouveau Code du travail und die zitierten Entscheidungen können im Internet unter http:/www. legifrance.gouv.fr abgerufen werden.

3 Art. L. 122-12 Abs. 2 CT (Art. L. 1224-1 NCT) regelt Voraussetzungen sowie individualrechtliche Folgen des Betriebsübergangs. Die kollektivrechtlichen Folgen sind in mehreren Einzelvorschriften enthalten (Art. L. 132-8, L. 412-16, L. 412-18, L. 423-16, L. 425-1, L. 433-14, L. 436-1 CT).

4 Bereits mit Gesetz vom 19.7. 1928 wurde eine Vorschrift eingeführt, wonach eine Veränderung der rechtlichen Situation des Arbeitgebers im Sinne eines Arbeitgeberwechsels nicht zur Beendigung der Arbeitsverträge führen dürfe. Damit war das in Art. L. 1165 des französischen Zivilgesetzbuchs (Code civil, CC) statuierte Prinzip der Relativität von Verträgen („Les conventions n'ont d'effet qu'entre les parties contractantes"), welches über die Verweisungsnorm des Art. L. 121-1 Abs. 1 Satz 1 CT bis dato auch im Arbeitsrecht Geltung beanspruchte und einer Fortsetzung des Arbeitsverhältnisses mit dem Betriebserwerber entgegenstand, für diesen Fall aufgehoben. Vgl. *Cesaro*, Dr. soc. 2005, 718, 719; *Pélissier/Supiot/Jeammaud*, Droit du travail, 23. Aufl. 2006, S. 416.

5 In Großbritannien erfolgten erste gesetzliche Bemühungen zur Sicherung von Arbeitnehmerrechten bei Betriebsübergängen zwar bereits durch den Contracts of Employment Act 1972. Eine Pflicht des Betriebserwerbers zur Übernahme der Arbeitnehmer bestand aber nicht. Die Umsetzung der Betriebsübergangsrichtlinie wurde erst mit der Transfer of Undertakings (Protection of Employment) Regulations 1981 vollzogen, die am 1.2. 1982 in Kraft trat. In Dänemark existierte vor Erlass des Gesetzes Nr. 111 vom 23.3. 1979 (Loven om lønmodtageres Retsstilling ved Virksomhedsoverdragelse) keine Regelung zum Schutz der Arbeitnehmer beim Übergang von Unternehmen. In Deutschland war bereits am 15.1. 1972 durch § 122 BetrVG eine Arbeitnehmerschutzvorschrift in § 613a BGB geschaffen worden. Insofern waren die individualarbeitsrechtlichen

Kontinuität des Arbeitsverhältnisses im Fall eines Arbeitgeberwechsels, die der im Jahr 1977 erlassenen Betriebsübergangsrichtlinie 77/187/EWG[6] (jetzt Richtlinie 2001/23/EG[7]) als Vorbild diente[8]. Heute muss sich auch die französische Regelung an den europäischen Vorgaben messen lassen[9]. Art. L. 122-12 Abs. 2 CT bestimmt, dass bei einer Modifikation der rechtlichen Stellung des Arbeitgebers, insbesondere durch Erbfolge, Verkauf, Fusion, Übertragung des Grundstücks oder Einbringung in eine Gesellschaft, alle am Tage der Modifikation bestehenden Arbeitsverträge zwischen dem neuen Arbeitgeber und der Belegschaft des Unternehmens fortbestehen[10].

Rechte der Arbeitnehmer auch in Deutschland bereits vor Erlass der Richtlinie weitgehend geschützt; Eine Umsetzung der Richtlinie in deutsches Recht erfolgte erst durch die am 13.8. 1980 ausgeführte Novelle des § 613a BGB (BGBl. 1980 I, S. 1308). In Dänemark und Großbritannien wurden zur Umsetzung der Betriebsübergangs-Richtlinie jeweils eigenständige Gesetze erlassen, während Frankreich und Deutschland nur Änderungen und Ergänzungen an den bereits bestehenden Regelungen vorgenommen haben, die heute (insbesondere in Frankreich) in den bereits vorhandenen Gesetzen „verstreut" sind.

6 Richtlinie 77/187/EWG zur Angleichung der Rechtsvorschriften der Mitgliedstaaten über die Wahrung von Ansprüchen der Arbeitnehmer beim Übergang von Unternehmen, Betrieben oder Betriebsteilen (Amtsblatt EG 1977 L 61/26), geändert durch die Richtlinie 98/50/EG zur Änderung der Richtlinie 77/187/EWG zur Angleichung der Rechtsvorschriften der Mitgliedstaaten über die Wahrung von Ansprüchen der Arbeitnehmer beim Übergang von Unternehmen, Betrieben oder Betriebsteilen (Amtsblatt EG 1998 L 201/88).

7 Richtlinie 2001/23/EG zur Angleichung der Rechtsvorschriften der Mitgliedstaaten über die Wahrung von Ansprüchen der Arbeitnehmer beim Übergang von Unternehmen, Betrieben oder Unternehmens- oder Betriebsteilen (Amtsblatt EG 2001 L 82/16).

8 *Gatumel,* Le droit du travail en France, 17. Aufl. 2006, Rn. 1600: „disposition reprise dans son esprit par la directive communautaire"; *Pélissier/Lyon-Caen/Jeammaud/ Dockès,* Les grands arrêts du droit du travail, 3. Aufl. 2004, S. 232; *Upex/Ryley,* TUPE – Law and Practice, 2006, S. 4.

9 Insbesondere im Wege der richtlinienkonformen Auslegung der Normen (obligation d'interprétation conforme) durch die Cour de Cassation, vgl. *Pélissier/Supiot/ Jeammaud* (Fn. 4), S. 113. Die Cour de Cassation bezieht sich dabei ausdrücklich in den sogenannten attendus de principe (wesentliche Entscheidungsgründe) auf die Richtlinie, meist unter Verwendung folgender Formulierung: „attendu que les dispositions de l'article L. 122-12, alinéa 2, du Code du travail, interprétées au regard de la directive...". Siehe auch *Waquet,* Recht der Arbeit (RdA) 1996, 91. Ausführlich zum Vorrang und zur unmittelbaren Wirkung des Gemeinschaftsrechts *Chevallier,* Bulletin d'information de la Cour de Cassation (BICC) 2005, N° 624, Communications, S. 3, abrufbar unter http://www.courdecassation.fr/jurisprudence_publications_documentation_2/bulletin_ information_cour_cassation_27/bulletins_information_2005_1877/no_624_1958/.

10 Art. L. 122-12 Abs. 2 CT (Art. L. 1224-1 NCT) lautet: „S'il survient une modification dans la situation juridique de l'employeur, notamment par succession, vente, fusion, transformation du fonds, mise en société, tous les contrats de travail en cours au jour de

II. Voraussetzungen des Betriebsübergangs

Der französische Kassationshof *(Cour de Cassation)* legte die Formulierung *„modification de la situation juridique de l'employeur"* zunächst extensiv, dann eher restriktiv aus[11]. Seit 1990 stellt das Gericht[12] im Anschluss an die Rechtsprechung des Europäischen Gerichshofs (EuGH)[13] allein auf zwei Voraussetzungen ab, die kumulativ erfüllt sein müssen: Es bedarf erstens des Übergangs einer selbständigen wirtschaftliche Einheit *(entité économique autonome)*. Zweitens muss die übergegangene Einheit von dem Betriebserwerber identitätswahrend fortgeführt werden *(continuité de l'entreprise)*[14].

---

la modification subsistent entre le nouvel employeur et le personnel d'entreprise." Trotz seines weit gefassten Wortlauts „modification de la situation juridique de l'employeur" beschränkt sich Art. L. 122-12 Abs. 2 CT allein auf solche Veränderungen der rechtlichen Situation des Arbeitgebers, in denen ein Arbeitgeberwechsel stattfindet.

11 Cour de Cassation, Chambre sociale (Cass. soc.) 27.2. 1934 (Goupy), Bulletin civile (Bull. civ.) 1934 V N° 51, S. 101 („même activité poursuivie sous une autre direction"). Diese sehr weite Rechtsprechung wurde 1985 insofern eingeschränkt, als ein bloßer Auftragsverlust („la seule perte d'un marché") keinen Betriebsübergang darstellt: Cour de Cassation, Assemblée plénière (Cass. Ass. Plén.) 15.11. 1985, N° 82-41510 und N° 82-40301, Bull. civ. 1985 A.P. N° 8 und N° 8, S. 11; Cass. soc. 25.6. 2002, N° 01-41848, Bull. civ. 2002 V N° 216, S. 209. Zwischenzeitlich verlangte das Gericht für die Annahme eines Betriebsübergangs sogar das Bestehen einer rechtlichen Beziehung („lien de droit") zwischen Betriebserwerber und -veräußerer: Cass. soc. 12.6. 1986 (Desquenne et Giral), N° 85-43194, Bull. civ. 1986 V N° 299, S. 229; Cass. soc. 16.5. 1989, N° 85-44503, Bull. civ. 1989 V N° 366, S. 221. Ausführlich zum Dialog zwischen dem französischen Kassationshof und dem EuGH: *Alsbaek*, Der Betriebsübergang und seine individualarbeitsrechtlichen Folgen in Europa, 2001, S. 89 ff.; *Pélissier/Supiot/Jeammaud* (Fn. 4), S. 42; *Supiot*, Dr. soc. 2006, 264, 265; *Waquet*, RdA 1996, 91 ff.

12 Cass. Ass. Plén. 16.3. 1990, N° 89-45730 Bull. civ. 1990 A.P. N° 4, S. 6: „l'existence d'un lien de droit entre les employeurs successifs n'est pas une condition nécessaire à l'application des dispositions de l'article L. 122-12 du Code du travail et...le critère réside dans la continuité d'une même entreprise, définie comme une entité économique autonome dont l'activité se poursuit sous une responsabilité nouvelle, avec la totalité ou une partie essentielle des moyens de production ou d'exploitation." Schlussvortrag (Conclusions) *Dontenwille,* Dr. soc. 1990, 399 ff.; Anmerkung *Couturier,* Dr. soc. 1990, 412 ff.; Anmerkung *Prétot,* Dr. soc. 1990, 416 ff. Der französische Kassationshof hat hier im Hinblick auf seine Verpflichtung zur richtlinienkonformen Auslegung des nationalen Rechts nahezu wörtlich die Formulierung des EuGH in der Daddy's-Dance-Hall-Entscheidung (EuGH 10.2. 1988 – Rs. 324/86, Slg. 1988, 739) übernommen; vgl. dazu *Pélissier/Supiot/Jeammaud* (Fn. 4), S. 113.

13 EuGH 10.2. 1988 – Rs. 324/86 (Fn. 12) (Daddy's Dance Hall). Aus neuerer Zeit EuGH 7.3. 1996 – Rs. C-171/94, 172/94, Slg. 1996, I-1253 (Merckx); *Supiot,* Dr. soc. 2006, 264, 265.

14 *Laulom,* Dr. soc. 1999, 821, 823, 825.

1. Übergang einer eigenständigen wirtschaftlichen Einheit

Für den Übergang einer eigenständigen wirtschaftlichen Einheit orientiert sich das französische Recht maßgeblich an den europäischen Vorgaben[15]. Unter dem Terminus der *entité économique autonome* versteht es eine organisierte Gesamtheit von Personen[16] oder Sachen zur Ausübung einer selbständigen wirtschaftlichen Tätigkeit mit eigener Zielsetzung[17]. Eine Einheit kann dabei nicht als bloße Tätigkeit begriffen werden[18]. Allein die Fortführung der Tätigkeit durch einen anderen Auftragnehmer ist kein Betriebsübergang[19]. Der Begriff der wirtschaftlichen Einheit wurde bewusst an Stelle des Betriebsbegriffs gewählt, um zu verdeutlichen, dass neben dem Übergang eines Betriebes als Ganzes auch ein Betriebsteilübergang[20] oder die Aufnahme in ein anderes Unternehmen erfasst wird[21].

Die Art der dem Übergang zugrunde liegenden Transaktion ist nicht entscheidend. Der Inhaberwechsel kann auf unterschiedliche Weise stattfinden und ist nicht auf rechtsgeschäftliche Übergangsformen beschränkt[22]. Die im Gesetz aufgezählten Übertragungsmodalitäten wie Erbfolge *(succession),* Kauf *(vente),* Fusion *(fusion)* etc. sind nicht abschließend, wie der Zusatz *„notamment"* (ins-

---

15 Vgl. Art. 1 lit. b Richtlinie 2001/23/EG: „gilt als Übergang im Sinne dieser Richtlinie der Übergang einer ihre Identität bewahrenden wirtschaftlichen Einheit im Sinne einer organisierten Zusammenfassung von Ressourcen zur Verfolgung einer wirtschaftlichen Haupt- oder Nebentätigkeit."

16 Es kann sich durchaus auch um nur einen Arbeitnehmer handeln. Cass. soc. 8.4. 1992, N° 89-41198. *Lefebvre,* Mémento Pratique Social, 2008, Rn. 74585.

17 Cass. soc. 15.12. 2004, N° 03-41713, Bull. civ. 2004 V N° 331, S. 296, Revue de jurisprudence sociale F. Lefebvre (RJS) 2005, Nr. 124: „C'est un ensemble organisé de personnes et d'éléments corporels ou incorporels permettant l'exercice d'une activité économique autonome qui poursuit un objectif propre, que celle-ci soit principale ou accessoire." Ausführlich zum Begriff der wirtschaftlichen Einheit: *Bailly,* Bulletin d'information de la Cour de Cassation (BICC) – Bulletin du droit du travail, 3 trimestre 2005, S. 4 f., abrufbar unter http://www.courdecassation.fr/IMG/pdf/BICC_Droit_du_travail_71.pdf; *Cesaro,* Dr. soc. 2005, 718 ff.; *Pélissier/Supiot/Jeammaud* (Fn. 4), S. 419 f.

18 EuGH 25.1. 2001 – Rs. C-172/99, Slg. 2001, I-745 (Oy Liikenne); *Pélissier/Supiot/Jeammaud* (Fn. 4), S. 419.

19 *Morin,* Revue internationale du Travail (RiT) 2005, 5, 21.

20 *Gatumel* (Fn. 8), Rn. 1602. Ausführlich zum Übergang eines Betriebsteils und den Besonderheiten für die Arbeitnehmervertreter siehe *Milet*, Revue pratique de droit social (RPDS) 2006, 235, 236 ff.

21 *Cesaro,* Dr. soc. 2005, 718 f.; *Pélissier/Supiot/Jeammaud* (Fn. 4), S. 417.

22 Zahlreiche Rechtsprechungsbeispiele finden sich in *Lavanchy/Roset/Tholy,* Dictionnaire de Jurisprudence sociale, 10. Aufl. 2007, S. 997 ff.

besondere) belegt[23]. Der Begriff *transfert d'entreprise* erfasst auch die Unternehmenspacht *(location-gérance)* oder die Vergabe eines Tätigkeitsfeldes an einen Sub-Unternehmer[24]. Betriebsübergänge betreffen prosperierende Unternehmen sowie Unternehmen in der Krise[25].

2. Betriebsfortführung *(continuité de l'entreprise)*

Ein Betriebsübergang liegt nur vor, wenn die übergegangene Einheit beim Erwerber identitätswahrend fortgeführt wird[26]. Diese Voraussetzung ist stets erfüllt, wenn der Betriebserwerber dieselbe Tätigkeit mit denselben Mitteln ausübt *(maintien de l'identité et le maintien de son activité).*

Betriebsstilllegungen werden von Art. L. 122-12 Abs. 2 CT nicht erfasst[27]. Die nur vorübergehende – auch mehrmonatige – Betriebsunterbrechung steht einer Betriebsfortführung *(continuité de l'entreprise)* nicht entgegen[28]. Bei Änderungen der wirtschaftlichen Tätigkeit durch den Betriebserwerber, legt die Rechtsprechung das Merkmal der *continuité* hingegen deutlich restriktiver aus und verneint in aller Regel eine Betriebsfortführung[29]. Nur einfache Modifikationen der Produktions- beziehungsweise Vertriebsmethoden oder die Akquirierung eines neuen Kundenstamms stehen aber nicht entgegen[30].

3. Prüfung durch die nationalen Gerichte

Ob die Voraussetzungen für den identitätswahrenden Übergang einer auf Dauer angelegten wirtschaftlichen Einheit erfüllt sind, prüfen die nationalen Gerichte[31]. Erforderlich ist eine Gesamtbetrachtung[32], die sich im Wesentlichen an den folgenden von der Rechtsprechung des EuGH entwickelten Einzelkriterien

---

23 *Gatumel* (Fn. 8), Rn. 1605; *Pélissier/Supiot/Jeammaud* (Fn. 4), S. 421. Näher zu den einzelnen Übertragungsformen *Lefebvre* (Fn. 16), Rn. 74610 ff.

24 Ausführlich mit zahlreichen Rechtsprechungsnachweisen: *Lefebvre* (Fn. 16), Rn. 74630 f.

25 *Lefebvre* (Fn. 16), Rn. 74500. Die Besonderheiten, die sich bei Unternehmen in der Krise (Betriebsübergang im Insovenzfall) ergeben, werden hier nicht behandelt. Ausführlich dazu *Mazeaud*, Dr. soc. 2006, 12 ff.

26 EuGH 26.9. 2000 – Rs. C-175/99, Slg. 2000, I-7755 (Mayeur); EuGH 18.3. 1986 – Rs. 24/85, Slg. 1986, 1119 (Spijkers). *Cesaro,* Dr. soc. 2005, 718, 723 f.

27 Der Fall der Betriebsstilllegung ist in Art. L. 122-12 Abs. 1 CT (Art. L. 1234-7, L. 1234-10, L. 1234-12 CT) geregelt. Die cessation d'entreprise führt zur Beendigung der Arbeitsverhältnisse.

28 Cass. soc. 28.5. 1997, N° 94-44644, Bull. civ. 1997 V N° 195, S. 140.

29 Cass. soc. 12.12. 1990, N° 85-41924, Bull. civ. 1990 V N° 652, S. 393.

30 Cass. soc. 12.10. 2004, N° 02-44309, RJS 2004, Nr. 1249; *Lefebvre* (Fn. 16), Rn. 74595.

31 *Bailly* (Fn. 17), S. 6; *Franzen,* Europäische Zeitschrift für Arbeitsrecht (EuZA) 1 (2008), 1 ff.

32 EuGH 20.11. 2003 – Rs. C-340/01, Slg. 2003, I-14023 (Abler).

orientiert, denen je nach der ausgeübten Tätigkeit sowie nach den Produktions- und Betriebsmethoden unterschiedliches Gewicht zukommt: die Art des betreffenden Unternehmens oder Betriebs, der etwaige Übergang der materiellen Betriebsmittel wie Gebäude und bewegliche Güter, der Wert der immateriellen Aktiva zum Zeitpunkt des Übergangs, die etwaige Übernahme der Hauptbelegschaft durch den neuen Inhaber, der etwaige Übergang der Kundschaft[33], der Grad der Ähnlichkeit zwischen den vor und nach dem Übergang verrichteten Tätigkeiten und die Dauer einer eventuellen Unterbrechung dieser Tätigkeiten[34]. Dieses Verfahren (bezeichnet als *„méthode du faisceau d'indices inversé"*[35]) ist nicht leicht zu vollziehen und mit einem gewissen Maß an Rechtsunsicherheit verbunden.

Tatsächlich gehen die französischen Gerichte bei der Anwendung der vom EuGH herausgebildeten abstrakten Obersätze auf den Einzelfall in drei Schritten vor: Zunächst prüfen sie, ob eine selbständige wirtschaftliche Einheit vorliegt und ermitteln gegebenenfalls in einem zweiten Schritt deren Besonderheiten und ihr charakteristisches Gepräge. Schließlich muss in einem Vergleich überprüft werden, ob die der konkreten Einheit wesenseigenen Elemente im Zeitpunkt des Betriebsübergangs direkt oder indirekt übernommen wurden, um dieselbe Tätigkeit fortzusetzen[36].

4. Anwendungsfälle

Als problematisch erwiesen sich vor allem die folgenden zwei Anwendungsfälle, in denen es der französischen Rechtspraxis besonders schwer fiel beziehungsweise fällt, im Dialog mit dem EuGH einen Konsens zu finden:

a) Übergang von dem privaten auf den öffentlichen Sektor

Lange Zeit hielten die französischen Gerichte die Betriebsübergangsrichtlinie im Fall eines Betriebsübergangs vom privaten auf den öffentlichen Sektor für nicht

33 Cass. soc. 30.4. 2003, N° 01-40244, RJS 2003, Nr. 851; Cass. soc. 9.3. 1994, N° 92-40916, Bull. civ. 1994 V N° 83, S. 58.

34 EuGH 15.12. 2005 – verbundene Rs. C-232/04, C-233/04, Slg. 2005, I-11237, Rn. 31-34 (Güney-Görres).

35 In Frankreich wird diese Gesamtbetrachtung als „méthode du faisceau d'indices inversé" bezeichnet, vgl. *Bailly* (Fn. 17), S. 6. In Deutschland spricht man von einem „Sieben-Punkte-Test", *Junker*, Grundkurs Arbeitsrecht, 7. Aufl. 2008, Rn. 135.

36 Zum Ganzen *Bailly* (Fn. 17), S. 6. Kritisch *Cesaro*, Dr. soc. 2005, 718, 719, bei dem die Entscheidungen der Cour de Cassation oftmals das Gefühl eines „Abracadabra juridique" hinterließen. Diese seien nicht nur schwer zu würdigen, sondern vor allem schwer vorhersehbar.

anwendbar[37]. Mit dem Übergang in den öffentlichen Sektor ändere der Betrieb seine Identität[38].

Die *Cour de Cassation*[39] ließ sich durch den EuGH[40] „belehren“: Danach steht der Umstand, dass es sich bei dem Betriebserwerber um eine juristische Person des öffentlichen Rechts handelt, der Annahme einer identitätswahrenden Betriebsfortführung nicht per se entgegen. Der Anwendungsbereich der Betriebsübergangsrichtlinie ist vielmehr auch eröffnet, wenn eine staatliche Stelle den Betrieb übernimmt[41].

b) Betriebsübergang in sogenannten „arbeitskraftgeprägten Branchen“

Darüber hinaus sieht die französische Rechtsprechung in der Übernahme einer organisierten Gesamtheit von Arbeitnehmern für sich kein ausreichendes Krite-

---

37 *Bailly* (Fn. 17), S. 6; *Cesaro,* Dr. soc. 2005, 718, 723 ff.; *Pélissier/Supiot/Jeammaud* (Fn. 4), S. 422 ff.

38 Cass. soc. 10.7. 1995, N° 93-46569, RJS 1995, Nr. 866; Cass. soc. 24.10. 1989, N° 84-44751, Bull. civ. 1989 V N° 609, S. 367.

39 Cass. soc. 25.6. 2002, N° 01-43467, Bull. civ. 2002 V N° 209, S. 202. Ebenso Cass. soc. 23.11. 2005, N° 03-45439, Bull. civ. 2005 V N° 339, S. 298. Die Cour de Cassation bezog sich dabei ausdrücklich in den sogenannten attendus de principe auf die Richtlinie. In diesem Sinne entschied zwei Jahre später auch das oberste Verwaltungsgericht: Conseil d'État (CE) 22.10. 2004, N° 245154, Dr. soc. 2005, 43 (Lamblin). Das Tribunal des conflits (T. confl.) entschied, dass sich an der privatrechtlichen Natur der Arbeitsverträge allein durch den Übergang auf eine Verwaltungsbehörde nichts ändere, vgl. T. confl. 19.1. 2004, N° C3393, RJS 2004, Nr. 506; ausführlich *Haller/Toppino,* Lamy Social – Cahiers de jurisprudence: Relations salariales, Rapports collectifs, Sécurité sociale, 2007, S. 32 f. Rn. 6781; *Pélissier/Supiot/Jeammaud* (Fn. 4), S. 423, dort insbesondere Fn. 6. *Pugeault,* Actualité juridique de droit administratif (AJDA) 2002, S. 695 ff.

40 EuGH 26.9. 2000 – Rs. C-175/99 (Fn. 26) (Mayeur). Dies war soweit ersichtlich der bislang einzige Fall, in dem Frankreich ein Vorabentscheidungsverfahren zur Auslegung der Betriebsübergangsrichtlinie eingeleitet hat. Insgesamt dazu *Cottin,* RJS 2006, Nr. 3; *Gatumel* (Fn. 8), Rn. 1604; *Mazeaud,* Dr. soc. 2006, 83 ff.; *Lefebvre* (Fn. 16), Rn. 74655; *Pélissier/Supiot/Jeammaud* (Fn. 4), S. 113; *Ray,* Droit du travail – droit vivant, 15. Aufl. 2006/2007, Rn. 172.

41 Dazu aus jüngerer Zeit EuGH 11.11. 2004 – Rs. C-425/02, Slg. 2004, I-10823 (Delahaye); *Franzen,* EuZA 1 (2008), 1, 22; *Mazeaud,* Dr. soc. 2005, 737, 741. Dagegen unterfällt der Übergang vom öffentlichen in den privaten Sektor nicht Art. L. 122-12 Abs. 2 CT (Art. L. 1224-1 NCT), *Pélissier/Supiot/Jeammaud* (Fn. 4), S. 424. Beamte und Angestellte des öffentlichen Dienstes unterfallen nicht dem französischen Arbeitsrecht und können sich mithin nicht auf die Betriebsübergangsrichtlinie berufen. Nach Art. 2 Abs. 1 lit. d Richtlinie 2001/23/EG werden von der Richtlinie nur Arbeitnehmer erfasst. Der Arbeitnehmerbegriff bestimmt sich nach nationalem Recht. Vgl. EuGH 14.9. 2000 – Rs. C-343/98, Slg. 2000, I-745 (Collino). Für eine autonome Definition des Arbeitnehmerbegriffs durch den EG-Gesetzgeber, vgl. *Wank,* EuZA 1 (2008), 172 ff., 186 f.

rium für einen Betriebs(teil-)übergang[42], vielmehr sei hierfür stets auch die Übertragung von Betriebsmitteln erforderlich[43]. Dies gilt als einer der wesentlichen Divergenzpunkte zwischen französischem Recht und europäischen Vorgaben[44]. Denn nach der EuGH-Rechtsprechung[45] kann in Branchen, in denen es im Wesentlichen auf die menschliche Arbeitskraft ankommt, allein die Übernahme eines nach Zahl und Sachkunde wesentlichen Teils des Personals den Tatbestand des Betriebsübergangs auslösen. Nach französischer Rechtsauffassung vermengt der EuGH hier Rechtsfolgen und Voraussetzungen des Betriebsübergangs[46]. Zudem sei eine Bestimmung der „arbeitskraftgeprägten" Branchen, in denen diese Rechtsprechung Anwendung findet, mit hoher Rechtsunsicherheit verbunden.

III. Verfahren

Liegt dem Betriebsübergang eine rechtsgeschäftliche Vereinbarung zugrunde, so hat der Arbeitgeber bestimmte Informations- und Konsultationspflichten zu erfüllen – wie von Art. 7 Richtlinie 2001/23/EG vorgesehen.

---

42 Cass. soc. 20.12. 2006, N° 04-19829, Bull. civ. 2006 V N° 389, S. 376; Cass. soc. 13.9. 2005, N° 03-43361, Bull. civ. V N° 253, S. 222; Cass. soc. 31.5. 2005, N° 03-42095, RJS 2005, Nr. 807; Cass. soc. 25.6. 2002, N° 01-41848, Bull. civ. V N° 216, S. 209. *Laulom,* Dr. soc. 2005, 821, 825.

43 *Lavanchy/Roset/Tholy* (Fn. 22), S. 1018; *Temin-Soccol/Welter,* Arbeitsrecht in Frankreich, in: Henssler/Braun (Hrsg.), Arbeitsrecht in Europa, 2. Aufl. 2007, S. 374; Cass. soc. 19.12. 1990, N° 87-44669, Bull. civ. 1990 V N° 678, S. 410.

44 *Bailly* (Fn. 17), S. 5, 7 f. sieht hierin „le principal point de divergence" zwischen Cour de Cassation und EuGH; *Cesaro,* Dr. soc. 2005, 718, 722; *Lefebvre* (Fn. 16), Rn. 74640.

45 Vgl. zum Beispiel für die Übernahme von Reinigungsaufträgen EuGH 24.1. 2002 – Rs. C-51/00, Slg. 2002, I-969 (Temco); EuGH 11.3. 1997 – Rs. C-13/95, Slg. 1997, I-1259 (Süzen). *Laulom,* Dr. soc. 1999, 821, 827 f. Zeichnet sich die Tätigkeit des Betriebs jedoch dadurch aus, dass sie mit Hilfe von sachlichen Betriebsmitteln ausgeübt werden muss, so rechtfertigt allein die Übernahme der Belegschaft nicht die Annahme eines Betriebsübergangs, vgl. EuGH 20.11. 2003 – Rs. C-340/01 (Fn. 32) (Abler); EuGH 25.1. 2001 – Rs. C-172/99 (Fn. 18) (Oy Liikenne).

46 Ähnlich war zunächst die Auffassung des Bundesarbeitsgerichts (BAG) zur Christel Schmidt-Entscheidung des EuGH (EuGH 14.4. 1994 – Rs. C-392/95, Slg. 1994, I-1311 [Christel Schmidt]): BAG 16.10. 1987 – 7 AZR 519/86, Arbeitsrechtliche Praxis (AP) Nr. 69 zu § 613a BGB. Mit der Süzen-Entscheidung (vgl. Fn. 45) haben sich EuGH und BAG jedoch wieder angenähert.

1. Allgemeine Informations- und Konsultationspflichten

Die Pflicht zur vorhergehenden[47] Konsultation des Unternehmensausschusses *(comité d'entreprise*[48]) ergibt sich aus Art. L. 432-1 Abs. 3 CT[49]. Danach muss der Unternehmensausschuss über Änderungen der wirtschaftlichen oder rechtlichen Organisation des Unternehmens informiert und konsultiert werden, worunter auch Betriebsübergänge jeglicher Art fallen. Kommt es in einem Unternehmen mit mindestens 50 Arbeitnehmern nicht zur Bildung eines Unternehmensausschusses, so sind an dessen Stelle die Personaldelegierten *(délégués du personnel*[50]) gemäß Art. L. 422-3 Abs. 1, L. 431-3 CT[51] zu konsultieren[52].

Daneben kann auch die Konsultation des Ausschusses für Gesundheits-, Arbeitsschutz und Sicherheitsbedingungen *(comité d'hygiène, de sécurité et des conditions de travail – CHSCT)* erforderlich sein.

2. Umfang der Informations- und Konsultationspflicht

Die Verpflichtung trifft gleichermaßen den bisherigen wie den neuen Arbeitgeber, die jeweils die Vertreter ihrer von einem Übergang betroffenen Arbeitnehmer über Folgendes informieren und konsultieren müssen: den geplanten Zeitpunkt des Übergangs, den Grund für den Übergang, die rechtlichen, wirtschaftlichen und sozialen Folgen des Übergangs für die Arbeitnehmer sowie über die hinsichtlich der Arbeitnehmer in Aussicht genommenen Maßnahmen. Information und Konsultation müssen die Arbeitnehmervertreter in die Lage versetzen, sich ein konkretes Bild vom gesamten Ausmaß des Projekts zu machen[53] und haben so rechtzeitig zu erfolgen, dass die Arbeitnehmervertretung in Kenntnis der Umstände Stellung beziehen kann[54].

---

47 Zum maßgeblichen Zeitpunkt der Konsultation vgl. Cass. soc. 18.6. 2003, N° 01-21424, Droit ouvrier (Dr. ouvr.) 2003, 424; *Favennec-Héry,* Dr. soc. 2005, 729, 732.

48 Der Unternehmensausschuss (comité d'entreprise) ist funktional mit dem deutschen Betriebsrat vergleichbar.

49 Ausführlich dazu *Favennec-Héry,* Dr. soc. 2005, 729 ff.; *Lefebvre* (Fn. 16), Rn. 74685, 66250, 63380; *Teyssié,* Dr. soc. 1989, 23.

50 Die Personaldelegierten sind in Art. L. 421-1 Abs. 1 CT (Art. L. 2312-1 NCT) bereits ab elf Arbeitnehmern vorgesehen. Benennungsebene ist die Ebene des Betriebs. Die Aufgabe jedes einzelnen Personaldelegierten (die also in der Regel nicht als „Kollektiv" handeln) ist es vor allem, eine den Arbeitnehmern „nahe" Vertretung zu gewährleisten (Art. L. 422-1 Abs. 1 CT [Art. L. 2313-1 NCT]).

51 Art. L. 2323-13 NCT.

52 Vgl. *Aubonnet/Gamet,* Restructurer son entreprise, 2006, Rn. 101 ff.

53 Tribunal de grande instance (TGI) Nanterre 10.9. 2004, RJS 2005, Nr. 52; TGI Nanterre 22.12. 2000, RJS 2001, Nr. 1305.

54 Cour de Cassation, Chambre criminelle (Cass. crim.) 28.11. 1984, N° 83-93094, Bulletin criminel (Bull. crim.) 1984 N° 375.

3. Individuelle Information der Arbeitnehmer

Eine unmittelbare, individuelle Unterrichtung der Arbeitnehmer ist im französischen Recht nicht vorgesehen, selbst wenn mangels Einrichtung einer Arbeitnehmervertretung deren Information und Konsultation unmöglich ist[55]. Dies steht in Widerspruch zu Art. 7 Abs. 6 Richtlinie 2001/23/EG. Insofern ist Frankreich seiner Umsetzungspflicht noch nicht in vollem Umfang nachgekommen[56].

4. Folgen einer Pflichtverletzung

Verletzt der Arbeitgeber seine Informations- und Konsultationspflicht, kann das dem Betriebsübergang zugrunde liegende Vorhaben im Wege des einstweiligen Rechtsschutzes ausgesetzt werden[57]. Die Verletzung der Konsultationspflicht hat allerdings nicht die Unwirksamkeit des Betriebsübergangs zur Folge. Dieser vollzieht sich unabhängig von der Pflichtverletzung. Mittelbar kann es durchaus zu einer erheblichen Verzögerung des Betriebsübergangs kommen.

Zudem liegt in der Verletzung der Informations- und Konsultationspflicht eine Behinderung der Funktionsfähigkeit der Personalvertretungsorgane, welche als sogenanntes *délit d'entrave*[58] strafrechtlich verfolgt wird. Dass es sich um kein Kavaliersdelikt handelt, belegt die Strafandrohung: Freiheitsstrafe von einem Jahr und/oder Bußgeld in Höhe von 3.750 Euro. Im Wiederholungsfall können die Strafen auf bis zu zwei Jahre Freiheitsstrafe und bis zu 7.500 Euro Bußgeld erhöht werden.

Im Übrigen treten die Rechtsfolgen des Betriebsübergangs automatisch ein, ohne dass diese an weitere formelle Voraussetzungen gebunden wären[59]. Eine

---

55 Cass. soc. 14.12. 1999, N° 97-43011, Bull. civ. 1999 V N° 484, S. 360; Anm. *Mazeaud,* RJS 2005, Nr. 253; Cass. soc. 24.1. 1990, N° 86-41497, Bull. civ. 1990 V N° 23, S. 15; *Henry*, Dr. soc. 2006, 274.

56 *Lefebvre* (Fn. 16), Rn. 74685; *Pélissier/Supiot/Jeammaud* (Fn. 4), S. 428, dort insbesondere Fn. 5. Vgl. allgemein zur Umsetzung europäischer Richtlinien in das französische Recht die Studie des Conseil d'État in: Études du Conseil d'État, Pour une meilleure insertion des normes communautaires dans le droit national, 2007: „L'insertion des normes communautaires dans le droit national demeure quantitativement et qualitativement perfectible."

57 *Aubonnet/Gamet* (Fn. 52), Rn. 179. Der Richter kann die Aussetzung (suspension) aber verweigern, wenn der Betriebsübergang bereits vollzogen ist, Cour d'Appel (CA) Versailles 29.7. 2004, N° 05-05274.

58 Art. L. 483-1 (Art. L. 2328-1 NCT). Unter dem Begriff délit d'entrave werden Behinderungen und Verstöße gegen die gesetzlichen Regelungen bezüglich der Arbeitnehmervertretungen unterschiedlichster Art zusammengefasst, zu deren Sanktionierung das französische Arbeitsrecht weit reichende strafrechtliche Vorschriften enthält. Ausführlich siehe *Cohen,* Le droit des comités d'entreprise et de comités de groupe, 8. Aufl. 2005, S. 1103 ff.; *Pélissier/Supiot/Jeammaud* (Fn. 4), S. 701 ff.

59 *Pélissier/Supiot/Jeammaud* (Fn. 4), S. 428.

gewisse Ausnahme erfährt diese Aussage allerdings, wenn von einem Betriebsteilübergang *(transfert partiel)*[60], sogenannte *salariés protégés*[61] betroffen sind[62].

5. Besonderes Verfahren

Handelt es sich um einen solchen Betriebsteilübergang, von dem *salariés protégés* betroffen sind, muss der Arbeitgeber zusätzlich zur Erfüllung seiner Informations- und Konsultationspflichten mindestens 15 Tage vor dem geplanten Übergang den Arbeitsinspektor um Genehmigung des Übergangs des Arbeitsverhältnisses mit dem Arbeitnehmervertreter ersuchen *(demande de l'autorisation)*[63]. Der Arbeitsinspektor überprüft, ob die gewählten Belegschaftsvertreter „Gegenstand diskriminierender Maßnahmen" *(objet d'une mesure discriminatoire)* sind, und verweigert gegebenenfalls die *autorisation*[64]. In diesem Fall muss der Arbeitgeber den betroffenen Arbeitnehmern eine vergleichbare Beschäftigung in einem anderen Betrieb oder einem anderen Teil des Unternehmens anbieten[65]. Genehmigt der Arbeitsinspektor den Übergang der Arbeitsverhältnisse, vollzieht sich dieser unabhängig von dem Willen des betroffenen Arbeitnehmers[66].

---

60 Geht dagegen der Betrieb als Ganzes über, trifft den Arbeitgeber keine solche Verpflichtung, *Lefebvre* (Fn. 16), Rn. 74910.

61 Gemeint sind beispielsweise die Gewerkschaftsdelegierten (délégués syndicaux), die Personaldelegierten (délégués du personnel) und die gewählten Mitglieder des Unternehmensausschusses (membres élus du comité d'entreprise). Erfasst werden auch Wahlkandidaten (candidats aux élections), Cass. soc. 8.6. 1999, N° 96-45045, Bull. civ. 1999 V N° 272, S. 196. Ausführlich zu den im Zusammenhang mit den salariés protégés zu beachtenden Besonderheiten im Rahmen eines Betriebsübergangs *Bailly* (Fn. 17), S. 11 f.; *Cohen* (Fn. 58), S. 1052 ff.; *Milet,* RPDS 2006, 235, 238. Eine Auflistung der im Fall eines Betriebsteilübergangs geschützten salariés protégés findet sich nunmehr in Art. L. 2414-1 NCT.

62 Geregelt in Art. L. 412-18 Abs. 7 CT (Gewerkschaftsdelegierte), Art. L. 425-1 Abs. 6 CT (Personaldelegierte) und Art. L. 436-1 Abs. 5 CT (Mitglieder des Unternehmensausschusses). Im Zuge der Rekodifikation des Code du travail wurde eine eigenständige und einheitliche Regelung in Art. L. 2421-9 NCT erlassen. *Lavanchy/Roset/Tholy* (Fn. 22), S. 1035; *Lefebvre* (Fn. 16), Rn. 74685, 74915; *Mazeaud,* Droit du travail, 6. Aufl. 2006, Rn. 236; *ders.,* Mélanges dédiés au Président Michel Despax, 2002, S. 539 ff.; *Verkindt,* Dr. soc. 2005, 752, 754 f.

63 Nunmehr geregelt in Art. L. 2414-1 NCT und Art. L. 2421-9 NCT. Ausführlich zum Ganzen *Milet,* RPDS 2006, 235 ff.; *Verkindt,* Dr. soc. 2005, 752 ff.

64 Art. L. 412-18 Abs. 7 CT (Gewerkschaftsdelegierte), Art. L. 425-1 Abs. 6 CT (Personaldelegierte) und Art. L. 436-1 Abs. 5 CT (Mitglieder des Unternehmensausschusses) und Art. R. 436-9 CT – jetzt einheitlich geregelt in Art. L. 2421-9 NCT und Art. R. 2421-17 NCT. Vgl. CE 15.6. 2005, N° 250747.

65 Cass. soc. 12.1. 1999, N° 97-45209, Bull. civ. 1999 V N° 16, S. 11.

66 Cass. soc. 27.6. 2002, N° 00-44006, Bull. civ. 2002 V N° 221, S. 215.

Erfolgt der Arbeitgeberwechsel ohne vorherige Genehmigung durch die Arbeitsbehörde, so ist er nichtig[67]. Der Arbeitnehmer kann Wiedereingliederung in seinen bisherigen Betrieb und Zahlung des Gehalts verlangen, abzüglich dessen, was er gegebenenfalls bei dem neuen Arbeitgeber verdient hat[68].

IV. Rechtsfolgen

Der Betriebsübergang vollzieht sich in dem Zeitpunkt, in dem die Betriebsinhaberschaft, mit der die Verantwortung für den Betrieb der betreffenden Einheit verbunden ist, von dem Veräußerer auf den Erwerber übergeht und nicht bereits durch den zugrunde liegenden Übertragungsakt[69]. Mit dem Wechsel der Leitungsmacht treten die Rechtsfolgen des Betriebsübergangs ein. Da sich dieser Zeitpunkt rein objektiv bestimmt, ist er Vereinbarungen zwischen Veräußerer und Erwerber nicht zugänglich[70]. Betroffen sind sämtliche Arbeitnehmer[71], mit denen zum Zeitpunkt des Betriebsübergangs ein Arbeitsverhältnis besteht[72].

1. Übergang des Arbeitsverhältnisses

Art. L. 122-12 Abs. 2 bewirkt, dass der Betriebserwerber mit Wirkung *ex nunc*[73] in die laufenden Arbeitsverhältnisse eintritt. Der Übergang der Rechte und Pflichten[74] auf den Betriebserwerber erfolgt automatisch aufgrund des *transfert*

---

67 Cass. soc. 5.5. 1998, N° 95-45190, Bull. civ. 1998 V N° 220, S. 166.

68 Cass. soc. 28.5. 2003, N° 01-40512, Bull. civ. 2003 V N° 181, S. 176. *Lavanchy/ Roset/Tholy* (Fn. 22), S. 1036.

69 Vgl. EuGH 26.5. 2005 – Rs. C-478/03, Slg. 2005, I-4389 Rn. 36 (Celtec).

70 EuGH 26.5. 2005 – Rs. C-478/03 (Fn. 69) (Celtec).

71 Von der Schutzwirkung des Art. L. 122-12 Abs. 2 CT (Art. L. 1224-1 NCT) werden sämtliche Arbeitnehmer erfasst, einschließlich die salariés protégés und die in Art. L. 781-1 CT (Art. L. 7321-2 NCT) genannten besonderen Arbeitnehmerkategorien. Cass. soc. 12.7. 2005, N° 03-43069.

72 Unhabhängig davon, ob es sich um ein befristetes oder unbefristetes, Voll- oder Teilzeitarbeitsverhältnis handelt. Erfasst werden Arbeitnehmer in der „Probezeit", Heimarbeiter, Auszubildende etc. Vgl. *Lefebvre* (Fn. 16), Rn. 74680. Auch eine vorübergehende Aussetzung (suspension) des Vertrags steht nicht entgegen. Cass. soc. 31.3. 1998, N° 96-40203.

73 Dies hat auch Bedeutung für die Haftungsregelung des Art. L. 122-12-1 CT (Art. L. 1224-2 NCT). Aus Art. L. 122-12 Abs. 2 (Art. L. 1224-1 NCT) ergibt sich keine Haftung des neuen Arbeitgebers für die vor dem Übergang entstandenen Schulden des bisherigen Arbeitgebers: Cass. soc. 13.10. 1983, N° 80-42199, Bull. civ. 1983 V N° 492; Cass. soc. 30.5. 1980, N° 79-40443, Bull. civ. 1980 V N° 469, S. 354. Die Haftung des neuen Arbeitgebers ergibt sich aber aus Art. L. 122-12-1 CT.

74 Rechtsprechungsbeispiele: Cass. soc. 9.4. 1987, N° 84-43115, Bull. civ. 1987 V N° 199, S. 128 (Bemessung der Dauer der Betriebszugehörigkeit/Dienstalter [ancienneté]); Cass. soc. 6.10. 1991, N° 88-40188, Bull. civ. 1991 V N° 408, S. 255; Cass. soc. 6.3. 2002, N° 00-41388 (Kündigung durch den neuen Arbeitgeber wegen einer vor dem Betriebs-

und ist nicht vom Willen des Veräußerers, des Erwerbers oder der betroffenen Arbeitnehmer abhängig[75]. Die Arbeitsverhältnisse werden kraft Gesetzes *(par l'effet de loi*[76]) mit dem neuen Arbeitgeber unter Fortgeltung der bisherigen (individualrechtlichen) Arbeitsbedingungen fortgesetzt.

Der Übergang der Arbeitsverhältnisse ist unabdingbar: Art. L. 122-12 Abs. 2 zählt zum *„ordre public"*[77], das heißt dass von dieser Norm nicht zum Nachteil der Arbeitnehmer abgewichen werden darf. Ein Arbeitnehmer kann nicht auf seine Rechte verzichten, selbst wenn die sich für ihn aus diesem Verzicht ergebenden Nachteile durch Vorteile solcher Art ausgeglichen werden, dass er insgesamt nicht schlechter gestellt ist[78].

a) Widerspruchsrecht des Arbeitnehmers?

Aufgrund des zwingenden Charakters des Art. L. 122-12 Abs. 2 CT steht dem Arbeitnehmer (grundsätzlich[79]) kein Widerspruchsrecht zu[80], wie dies in

---

übergang erfolgten Pflichtverletzung); Cass. soc. 21.10. 1998, N° 96-41696 (Wettbewerbsverbot [clause de non-concurrence]).

75 Cass. soc. 14.12. 1999, N° 97-43011, Bull. civ. 1999 V N° 484, S. 360; Cass. soc. 24.1. 1990, N° 86-41497; Bull. civ. 1990 V N° 23, S. 15; *Henry,* Dr. soc. 2006, 274. Vgl. Art. 3 Abs. 1 Richtlinie 2001/23/EG: „Die Rechte und Pflichten des Veräußerers aus einem zum Zeitpunkt des Übergangs bestehenden Arbeitsverhältnisses gehen aufgrund des Übergangs auf den Erwerber über."

76 *Henry,* Dr. soc. 2006, 274; *Milet,* RPDS 2006, 235.

77 Cass. soc. 20.4. 2005, N° 03-42096, RJS 2005, Nr. 712; Cass. soc. 14.12. 2004, N° 03-41713, Bull. civ. 2004 V N° 331, S. 296; Cass. soc. 11.3. 2003, N° 01-41842, Bull. civ. 2003 V N° 86, S. 82. Gemeint ist nicht der im Internationalen Privatrecht verwendete Begriff des „ordre public". Der sogenannte ordre public interne bezeichnet das innerstaatlich zwingende Recht und bildet die Grenze der Dispositionsfreiheit der Parteien. Art. 6 CC: „On ne peut déroger, par des conventions particulières, aux lois qui intéressent l'ordre public et les bonnes mœurs."

78 Vgl. EuGH 10.2. 1988 – Rs. 324/86 (Fn. 13) (Daddy's Dance Hall).

79 Ausnahmsweise hat die Cour de Cassation einem unwirksam gekündigten Arbeitnehmer ein Widerspruchsrecht zuerkannt, wenn es der Betriebserwerber versäumt hat, vor Ablauf der Kündigungsfrist die Fortsetzung des Arbeitsverhältnisses dem betroffenen Arbeitnehmer anzukündigen. Cass. soc. 14.12. 2004, N° 03-41713, Bull. civ. 2004 V N° 331, S. 296; Cass. soc. 11.3. 2003, N° 01-41842, Bull. civ. 2003 V N° 86, S. 82. Siehe auch unter IV 3. Eine weitere Ausnahme gilt für Journalisten, die gemäß Art. L. 761-7 CT (Art. L. 7112-5 NCT) ohne besondere Frist einem Arbeitgeberwechsel widersprechen können.

80 Für die Regelung eines Widerspruchsrechts im französischen Arbeitsgesetzbuchs *Bailly,* Dr. soc. 2003, 474 ff.; *Mazeaud,* Dr. soc. 2005, 737; *Rémy,* Dr. soc. 2004, 155 ff.; *Supiot,* Dr. soc. 2006, 264 ff. Kritisch *Ray* (Fn. 40), Rn. 172. Offen gelassen bei *Morin,* RiT 2005, 5, 22.

Deutschland[81] der Fall ist. Die betroffenen Arbeitnehmer können nur durch Anwendung des gewöhnlichen individualrechtlichen Instrumentariums – Kündigung *(démission*[82]) unter Einhaltung der Kündigungsfrist entweder gegenüber dem alten oder gegenüber dem neuen Arbeitgeber – das Arbeitsverhältnis beenden.

Dies mag überraschen, da die Norm gerade im französischen Bewusstsein primär vom Arbeitnehmerschutzgedanken geprägt ist[83]. Nach der Rechtsprechung des EuGH[84] widerspricht es der Würde der Arbeitnehmer, diese zu verpflichten, das Arbeitsverhältnis mit einem neuen, nicht selbst gewählten Arbeitgeber fortzusetzen[85]. Das Gericht überlässt es aber bewusst den Mitgliedstaaten, zu bestimmen, was mit dem Arbeitsverhältnis geschieht, wenn der Arbeitnehmer aus freien Stücken eine Fortsetzung desselben mit dem neuen Arbeitgeber ablehnt[86].

Lehnt ein Arbeitnehmer gleichwohl den Übergang seines Arbeitsverhältnisses ab, gilt dies in Frankreich regelmäßig als *démission*, das heißt als arbeitnehmerseitige Kündigung[87]. Eine Fortsetzung des Arbeitsverhältnisses mit dem bisherigen Arbeitgeber – welche die wohl bedeutendste Folge der Anerkennung

---

81 § 613a Abs. 5 und 6 BGB. Zur Entwicklung des Widerspruchsrechts in Deutschland *Junker*, Europäisches individuelles Arbeitsrecht, in: Grundmann (Hrsg.), Systembildung und Systemlücken in Kerngebieten des Europäischen Privatrechts, 2000, S. 375, 379; *Franzen*, RdA 2002, 258 ff. Aus französischer Sicht *Ionescu*, Dr. soc. 2002, 507 ff.; *Laulom*, Dr. soc. 2005, 821, 829; *Mazeaud*, Dr. soc. 2005, 737, 741; *Rémy*, Dr. soc. 2004, 155 ff.; *Supiot*, Dr. soc. 2006, 264, 266; *Viala*, Dr. soc. 2005, 200 ff.

82 Das französische Arbeitsrecht unterscheidet die arbeitgeberseitige Kündigung (licenciement) von der arbeitnehmerseitigen Kündigung (démission).

83 *Supiot*, Dr. soc. 2006, 264, 265.

84 EuGH 24.1. 2002 – Rs. C-51/00 (Fn. 45) (Temco); EuGH 16.12. 1992 – verbundene Rs. C-132/91, C-138/91, C-139/91, Slg. 1992, I-6577 (Katsikas); EuGH 5.5. 1987 – Rs. 144/87, 145/87, Slg. 1988, 2559 (Berg).

85 EuGH 24.1. 2002 – Rs. C-51/00 (Fn. 45) (Temco); EuGH 16.12. 1992 – verbundene Rs. C-132/91, C-138/91, C-139/91 (Fn. 84) (Katsikas); EuGH 5.5. 1987 – Rs. 144/87, 145/87 (Fn. 84) (Berg); *Mazeaud*, Dr. soc. 2005, 737, 740. Der französische Kassationshof spricht dennoch nach wie vor davon, dass der Arbeitgeberwechsel für den Arbeitnehmer zwingend sei („le changement d'employeur s'impose au salarié"): Cass. soc. 14.12. 2004, N° 03-41713, Bull. civ. 2004 V N° 331, S. 296; Cass. soc. 11.3. 2003, N° 01-41842, Bull. civ. 2003 V N° 86, S. 82. Diese Rechtsprechung steht nicht in Einklang mit der Rechtsprechung des EuGH, vgl. dazu *Supiot*, Dr. soc. 2006, 264, 267.

86 Sie können vorsehen, dass das Arbeitsverhältnis mit dem Veräußerer bestehen bleibt. Sie können aber ebenso gut bestimmen, dass das Arbeitsverhältnis als entweder vom Arbeitgeber oder vom Arbeitnehmer gekündigt gilt. Kommission der Europäischen Gemeinschaft, Bericht KOM(2007) 334 endgültig, 18.6. 2007, S. 8 Rn. 3.7.

87 Cass. soc. 10.10. 2006, N° 04-40325, Bull. civ. 2006 V N° 295, S. 281; *Lefebvre* (Fn. 16), Rn. 74685; *Pélissier/Supiot/Jeammaud* (Fn. 4), S. 426.

eines Widerspruchsrechts wäre – ist in Frankreich nicht vorgesehen. Der bisherige Arbeitgeber kann sich aber bereit erklären, die sich widersetzenden Arbeitnehmer in seinem Betrieb weiterzubeschäftigen[88]. Verweigert sich ein Arbeitnehmer schlicht der Fortsetzung des Arbeitsverhältnisses mit dem neuen Betriebsinhaber ohne eine Kündigung auszusprechen, kann dies zudem eine sogenannte *faute disciplinaire* (Pflichtverletzung) darstellen[89].

b) „Weigerung" des Betriebserwerbers

Verweigert der neue Arbeitgeber die Fortsetzung des Arbeitsverhältnisses, stehen dem betroffenen Arbeitnehmer mehrere Möglichkeiten offen: Zum einen kann er vom neuen Arbeitgeber eine Entschädigung *(indemnité de rupture)* wegen ungerechtfertigter Kündigung verlangen[90]. Er kann die Gerichte aber auch um vorläufigen Rechtsschutz ersuchen und seine Eingliederung *(réintégration)* in den Betrieb des Erwerbers und einen Lohnvorschuss *(paiement d'une provision sur salaire)* verlangen[91]. Schließlich kann der Arbeitnehmer die Auflösung *(résiliation)* des Arbeitsverhältnisses wegen eines Verschuldens des neuen Arbeitgebers beantragen *(demande de résiliation judiciaire de son contrat de travail aux torts du nouvel employeur)*. In diesem Fall erhält er neben einer Auflösungsentschädigung den geschuldeten Lohn bis zum richterlich festgesetzten Tag der gerichtlichen Beendigung des Arbeitsverhältnisses[92].

2. Änderung oder Beendigung des Arbeitsverhältnisses aus Anlass eines Betriebsübergangs

Der Vertrag geht in der Lage über, in der er sich befand. Insbesondere behält der Arbeitnehmer sein Dienstalter *(ancienneté)*[93]. Der neue Arbeitgeber kann die bisherigen Arbeitsbedingungen *wegen des* Betriebsübergangs nicht einseitig ändern[94]. Eine einvernehmliche Änderung der Arbeitsbedingungen gemäß den allgemein geltenden Grundsätzen[95] ist nur zulässig, soweit darin keine Umgehung

---

88 Cass. soc. 9.1. 1985, zitiert nach *Pélissier/Supiot/Jeammaud* (Fn. 4), S. 429, dort Fn. 2; EuGH 24.1. 2002 – Rs. C-51/00 (Fn. 45) (Temco).

89 Cass. soc. 25.10. 2000, N° 98-45422; Cass. soc. 18.11. 1998, N° 95-43132, Bull. civ. 1998 V N° 497, S. 371; *Lefebvre* (Fn. 16), Rn. 74685; *Ray* (Fn. 40), Rn. 172.

90 Cass. soc. 28.1. 2003, N° 01-44667.

91 Cass. soc. 5.7. 2006, N° 05-44127.

92 Cass. soc. 2.11. 2005, N° 03-47215.

93 *Lefebvre* (Fn. 16), Rn. 74965.

94 Cass. soc. 14.1. 2004, N° 01-45126, Bull. civ. 2004 V N° 9, S. 8; Cass. soc. 13.11. 2001, N° 99-43016, Bull. civ. 2001 V N° 341, S. 272; Cass. soc. 10.10. 2000, N° 98-41358, Bull. civ. 2000 V N° 316, S. 246.

95 Ausführlich zu den Voraussetzungen einer Vertragsänderung siehe *Lefebvre* (Fn. 16), Rn. 17300 ff.

des Art. L. 122-12 Abs. 2 CT zu sehen ist[96]. Dies ist im Einzelfall schwer feststellbar[97]. Änderungen des Arbeitsvertrags *nach* dem Betriebsübergang steht Art. L. 122-12 Abs. 2 CT nicht entgegen[98].

Im französischen Arbeitsrecht erfordert die Auflösung eines unbefristeten Arbeitsvertrages durch den Arbeitgeber *(licenciement)* einen wirklichen und gewichtigen Grund *(cause réelle et sérieuse)*. Der Übergang von Unternehmen, Betrieben sowie Unternehmens- oder Betriebsteilen als solcher stellt weder für den Veräußerer noch für den Erwerber einen solchen Kündigungsgrund dar[99]. Zwar enthält Art. L. 122-12 Abs. 2 CT keine entsprechende ausdrückliche Bestimmung. Aufgrund des systematischen Standorts der Norm innerhalb der Kündigungsschutzvorschriften wird der dort angeordnete Fortbestand des Arbeitsverhältnisses aber als Einschränkung des Art. L. 122-4 CT[100] verstanden, der den Arbeitsvertragsparteien grundsätzlich das Recht zur freien einseitigen Beendigung des Arbeitsverhältnisses einräumt. Nicht ausgeschlossen ist die Kündigung aus sonstigen, gesetzlich zulässigen Gründen[101]. So kann beispielsweise eine vom bisherigen Arbeitgeber im Zusammenhang mit dem Betriebsübergang ausgesprochene Kündigung als Kündigung aus wirtschaftlichen Gründen wirksam sein, wenn der Nachfolger bereits vor der Übernahme eindeutig zu erkennen gab, dass der Betrieb reorganisiert werden solle und diese Reorganisation auch tatsächlich durchgeführt wird[102]. Die Rechtsprechung hat aber inzwi-

---

96 Cass. soc. 9.3. 2004, N° 02-42140, RJS 2004, Nr. 542; *Lefebvre* (Fn. 16), Rn. 74695, 8637.

97 Rechtsprechungsnachweise bei *Lefebvre* (Fn. 16), Rn. 74695.

98 *Ray* (Fn. 40), Rn. 173.

99 *Mazeaud,* Dr. soc. 2005, 737, 738 f.; *Mouly,* Dr. soc. 2007, 534, 535; *Pélissier/Lyon-Caen/Jeammaud/Dockès* (Fn. 8), S. 235.

100 Art. L. 1231-1 NCT.

101 Ein wirklicher und gewichtiger Grund kann beispielsweise auch in einer schon vor dem Übergang begangenen Pflichtverletzung liegen und zu einer disziplinarische Kündigung durch den neuen Arbeitgeber führen, sofern bezüglich des vorgeworfenen Verhaltens keine Verjährung eingetreten ist.

102 Cass. soc. 6.11. 1991, N° 89-43521. Lehnt der Arbeitnehmer die Änderung wesentlicher Bedingungen seines Arbeitsvertrages ab (modification d'un élément essentiel du contrat de travail), die aufgrund einer Reorganisation des Unternehmens erforderlich wurden (imposée par la réorganisation de l'entreprise), so ist eine auf die Weigerung des Arbeitnehmers, die neuen Arbeitsbedingungen zu akzeptieren, gestützte Kündigung regelmäßig aus wirtschaftlichen Gründen gerechtfertigt, vgl. Cass. soc. 8.6. 1994, N° 90-45703, Bull. civ. V N° 193, S. 131. Anders dagegen, wenn die ins Auge gefassten Änderungen des Arbeitsvertrags weniger den Erhalt der Wirtschaftlichkeit und der Wettbewerbsfähigkeit des Unternehmens bezwecken, als der Vereinfachung und Vereinheitlichung der Prozesse dienen, vgl. Cass. soc. 23.6. 1999, N° 97-42380: „La modification du contrat de travail avait été proposée au salarié dans un simple souci d'uniformisation des pratiques des deux sociétés fusionnées ou par un désir de simplification et n'avait pas pour

schen die inzwischen Gefahr einer gewissen praktischen Einschränkung des in Art. L. 122-12 Abs. 2 CT enthaltenen Entlassungsverbots erkannt und lässt solche Kündigungen im Hinblick auf die Reorganisation des Betriebes nur noch zu, wenn eine Umgehung der Norm ausgeschlossen werden kann[103].

Einer Kündigung durch den neuen Arbeitgeber *nach* Betriebsübergang steht Art. L. 122-12 Abs. 2 CT nicht entgegen[104]. Allein die Kündigung *wegen* des Betriebsübergangs ist unwirksam *(sans effet)*[105]. Kündigt der bisherige Arbeitgeber gleichwohl unter Verstoß gegen das Entlassungsverbot, stehen dem betroffenen Arbeitnehmer mehrere Möglichkeiten zur Verfügung[106]:

a) Wahlrecht des Arbeitnehmers

Der Arbeitnehmer kann wahlweise seinen bisherigen Arbeitgeber auf Zahlung einer Entschädigung wegen Beendigung des Arbeitsverhältnisses *(indemnité de rupture)* in Anspruch nehmen oder von dem Betriebserwerber die Fortsetzung seines Arbeitsverhältnisses verlangen *(poursuite du contrat)*, das damit als nicht unterbrochen gilt[107]. Insofern kann er beantragen, dass der Richter die Eingliederung *(réintégration)* in dessen Betrieb anordnet[108]. Dagegen kann die Unwirksamkeit der Kündigung mit der Folge der Wiederaufnahme des Arbeitnehmers

---

objet de sauvegarder la compétitivité de l'entreprise; [...] le licenciement ne procédait pas d'une cause économique."

103 Cass. soc. 14.1. 2004, N° 01-45126, Bull. civ. 2004 V N° 9, S. 8: „[qu']en proposant une mutation l'employeur a cherché à éluder les dispositions d'ordre public de l'article L. 122-12, alinéa 2, du Code du travail en modifiant le contrat de travail de l'intéressé, et [que] le refus de celui-ci ne constitue ni une faute grave, ni une cause réelle et sérieuse de licenciement." Vgl. *Haller/Toppino* (Fn. 39), S. 32 Rn. 6780.

104 *Lefebvre* (Fn. 16), Rn. 74715, 47230; *Mazeaud,* Dr. soc. 2005, 737, 738 f.

105 Erstmals entschieden Cass. soc. 20.1. 1998, N° 95-40812, Bull. civ. 1998 V N° 16, S. 13; *Mazeaud,* Dr. soc. 2005, 737, 739; *Mouly,* Dr. soc. 2007, 534, 538; *Pélissier/Supiot/Jeammaud* (Fn. 4), S. 426. Kritisch, insbesondere zu dem in der Rechtsprechung verwandten Begriff der „Unwirksamkeit" (inefficacité) anstelle des Begriffs „Nichtigkeit" (nullité), siehe *Gauriau,* Dr. soc. 2005, 852 ff.; *Mouly,* Dr. soc. 2007, 534, 544 ff.

106 *Mazeaud,* Dr. soc. 2003, 308 ff. Zu den Besonderheiten bei der Kündigung der sogenannten salariés protégés siehe *Bailly* (Fn. 17), S. 11; *Milet,* RPDS 2006, S. 235, 240 ff.

107 Cass. soc. 13.5. 2008, N° 07-40256, Dr. ouvr. 2008, 402 f.; Cass. soc. 20.3. 2002, N° 00-41651, Bull. civ. 2002 V N° 94, S. 102: „Le licenciement d'un salarié prononcé à l'occasion du transfert d'une entité économique dont l'activité est poursuivie étant sans effet, le salarié licencié a le choix de demander au repreneur la poursuite du contrat de travail illégalement rompu ou de demander à l'auteur du licenciement illégal la réparation du préjudice en résultant." Ausführlich vgl. *Mouly,* Dr. soc. 2007, 534, 544 ff.

108 Cass. soc. 15.2. 2006, N° 04-43923, Bull. civ. 2006 V N° 67, S. 60; *Lavanchy/Roset/Tholy* (Fn. 22), S. 1030; *Lefebvre* (Fn. 16), Rn. 74710. Weigert sich der Erwerber, das Beschäftigungsverhältnis fortzuführen, hat der Arbeitnehmer die bereits oben unter IV 1 b beschriebenen Möglichkeiten.

weder vom bisherigen noch vom neuen Arbeitgeber geltend gemacht werden. Nur der Arbeitnehmer kann sich darauf berufen.

b) Fortsetzungserklärung des Arbeitgebers

Erklärt der Betriebserwerber den durch den Veräußerer gekündigten Arbeitnehmern vor Ablauf der Kündigungsfrist seine Absicht, die Arbeitsverhältnisse zu den bisherigen Bedingungen fortzusetzen, vollzieht sich zwingend der Arbeitgeberwechsel. Lehnt es der Arbeitnehmer ab, das Arbeitsverhältnis mit dem Erwerber fortzusetzen, steht ihm keinerlei Auflösungsentschädigung *(indemnité de rupture)* zu[109]. Gegebenfalls sieht er sich selbst Entschädigungsansprüchen seitens des neuen Arbeitgebers ausgesetzt[110].

c) Widerspruch des Arbeitnehmers

Verstreicht die Kündigungsfrist, ohne dass der Betriebserwerber die Übernahme des Arbeitsverhältnisses ankündigt, steht dem unwirksam gekündigten Arbeitnehmer das Recht zu, dem – an sich automatischen – Übergang seines Arbeitsverhältnisses zu widersprechen *(faculté de s'opposer au changement d'employeur)* und eine Auflösungsentschädigung von dem kündigenden Veräußerer zu verlangen[111], denn oftmals wird der Arbeitnehmer zwischenzeitlich eine neue Beschäftigung gefunden haben und gar nicht in der Lage sein, das Arbeitsverhältnis fortzusetzen[112]. In diesem Fall liegt in der Weigerung des Arbeitnehmers, das Arbeitsverhältnis fortzusetzen, ausnahmsweise keine arbeitnehmerseitige Kündigung. Der Veräußerer kann gegebenenfalls den Erwerber in Regress nehmen *(recours en garantie)*, wenn der dem Arbeitnehmer entstandene Schaden darin begründet liegt, dass der Erwerber eine Fortsetzung des Beschäftigungsverhältnisses verweigert[113].

---

109 Cass. soc. 14.12. 2004, N° 03-41713, Bull. civ. 2004 V N° 331, S. 296; Cass. soc. 11.3. 2003, N° 01-41842, Bull. civ. 2003 V N° 86, S. 82: „Attendu que le transfert d'une entité économique autonome entraîne de plein droit le maintien, avec le nouvel employeur, des contrats de travail qui y sont attachés et prive d'effet les licenciements prononcés par le cédant pour motif économique; que si le salarié licencié à l'occasion d'un tel transfert a le choix de demander au repreneur la poursuite du contrat de travail rompu ou de demander à l'auteur du licenciement la réparation du préjudice en résultant, le changement d'employeur s'impose toutefois à lui lorsque le cessionnaire l'informe, avant l'expiration du préavis, de son intention de poursuivre, sans modification, le contrat de travail.“

110 Cass. soc. 17.10. 2006, RJS 2007, Nr. 18; Cass. soc. 11.3. 2003, N° 01-41842, Bull. civ. 2003 V N° 86, S. 82.

111 Cass. soc. 14.12. 2004, N° 03-41713, Bull. civ. 2004 V N° 331, S. 296; Cass. soc. 11.3. 2003, N° 01-41842, Bull. civ. 2003 V N° 86, S. 82.

112 *Bailly* (Fn. 17), S. 11.

113 Cass. soc. 20.3. 2002, N° 00-41651, Bull. civ. V N° 94, S. 102.

3. Haftungseintritt des neuen Arbeitgebers

Die Haftung des neuen Arbeitgebers für zum Zeitpunkt[114] des Übergangs bestehende Verbindlichkeiten des bisherigen Arbeitgebers unter Rückgriffsvorbehalt[115], ist in Art. L. 122-12-1 CT[116] geregelt. Diese Norm ordnet entsprechend der französischen Konstruktion der Fortsetzung des Arbeitsverhältnisse *ex nunc* einen Gläubigereintritt in die bereits bestehenden Verbindlichkeiten des bisherigen Arbeitgebers an. Das Recht des Arbeitnehmers, direkt seinen bisherigen Arbeitgeber in Anspruch zu nehmen, bleibt davon unberührt[117]. Dieser haftet solidarisch neben dem neuen Arbeitgeber. Der Haftungseintritt des neuen Arbeitgebers ist ausgeschlossen, wenn sich der Betriebsinhaberwechsel im Insolvenzfall[118] vollzieht oder wenn der Betriebsübernahme keine Vereinbarung zwischen bisherigem und neuen Betriebsinhaber zugrunde liegt[119].

4. Fortgeltung *(maintien provisoire)* kollektiver Normen

Nicht nur die individualrechtlich bestimmten Arbeitsbedingungen gelten beim Betriebserwerber fort. Gleiches gilt auch für kollektivrechtliche beziehungsweise kollektiv wirkende Regelungen.

Das französische Arbeitsrecht unterscheidet kollektivrechtliche Normen, die aus einer Verhandlung zwischen den Sozialpartnern hervorgehen (sogenannte *„statut collectif négocié“)*, und kollektiv wirkende Regelungen, die nicht das Ergebnis von Verhandlungen sind, und einseitig vom Arbeitgeber bestimmt werden können (sogenannte *„statut collectif non-négocié“)*.

a) Tarifverträge und Tarifabkommen

Das Schicksal von Tarifverträgen *(conventions collectives)* und Tarifabkommen *(accords collectifs)* bei einer Veränderung der rechtlichen Situation des Arbeit-

114 Die Rechtsprechung hat einige Grundsätze entwickelt, um bestimmen zu können, in welchem Zeitpunkt die Schuld entsteht. Zum Beispiel Cass. soc. 11.3. 1992, N° 88-43447, Bull. civ. 1992 V N° 169, S. 105 (13. Monatsgehalt).

115 *Lefebvre* (Fn. 16), Rn. 74840.

116 Art. L. 1224-2 NCT.

117 Cass. soc. 24.2. 2004, N° 01-46792, RJS 2004, Nr. 506; Cass. soc. 3.4. 1991, N° 88-41786, Bull. civ. 1991 V N° 164, S. 103.

118 Im Einzelnen sind Betriebsübergänge gemeint, die sich im Zusammenhang mit folgenden Verfahren vollziehen: procédure de sauvegarde (Sicherungsverfahren), procédure de redressement judiciaire (handelsgerichtliches Sanierungsverfahren im Fall der Zahlungsunfähigkeit des Unternehmens), procédure de liquidation judiciaire (Insolvenzverfahren nach dem Scheitern des Betriebssanierungsverfahrens). Vgl. *Lefebvre* (Fn. 16), Rn. 74845.

119 Art. L. 122-12-1 Abs. 2 CT (Art. L. 1224-1 NCT).

gebers regelt Art. L. 132-8 Abs. 7 CT[120]. Danach kommen die für die Beendigung von Tarifverträgen durch Kündigung geltenden Bestimmungen gemäß Art. L. 132-8 Abs. 3 und Abs. 6 CT[121] sinngemäß zur Anwendung.

Nach diesen Vorschriften behält ein Tarifvertrag oder ein Tarifabkommen bei Kündigung durch die Unterzeichner auf Arbeitnehmer- oder Arbeitgeberseite seine Rechtswirkungen bis zum Inkrafttreten eines neuen Vertrages oder Abkommens *(„maintien du statut collectif négocié")*[122], längstens aber bis zu einem Jahr nach Ablauf der Kündigungsfrist[123]. Falls beim Betriebserwerber trotz der in Art. L. 132-8 Abs. 5 CT[124] statuierten Verhandlungspflicht[125] kein neuer Tarifvertrag abgeschlossen wird[126], behalten die Arbeitnehmer gemäß Art. L. 132-8 Abs. 6 CT[127] auch nach Ablauf dieser Fristen ihre durch Anwendung des bisherigen Tarifvertrages erworbenen individuellen Vorteile *(avantages individuels acquis)*[128]. Die französische Konzeption kombiniert mithin die zunächst auf ein Jahr befristete Nachwirkung des bisherigen Kollektivvertrags mit einem gesetzlich angeordneten Bestandsschutz bezüglich der durch den bisheri-

---

120 Art. L. 132-8 Abs. 7 CT (Art. L 2261-14 NCT) verweist auf Art. L. 132-8 Abs. 3 (Art. L. 2261-8 NCT) und Abs. 6 CT (Art. L. 2261-13 NCT). Diese Vorschrift hat einen weiteren Anwendungsbereich als Art. L. 122-12 CT (Art. L. 1224-1 NCT), weil sie nicht nur Änderungen der juristischen Situation des Arbeitgebers, sondern auch eine eventuelle Änderung der Geschäftsaktivitäten erfasst. Sie stammt aus dem Jahr 1971 und diente als Vorbild für Art. 3 Abs. 2 Richtlinie 77/187/EG. Cass. soc. 14.5. 1992, N° 88-45316, Bull. civ. 1992 V N° 310, S. 193, RJS 1992, Nr. 768. Sogenannter „maintien automatique du statut collectif négocié", vgl. *Antonmattei,* Dr. soc. 1997, 35; *Lavanchy/Roset/Tholy* (Fn. 22), S. 458 ff.; *Olivier,* Dr. soc. 2005, 743, 744 f.

121 Art. L. 2261-8 NCT und Art. L. 2261-13 NCT.

122 In Deutschland ordnet § 613a Abs. 1 Satz 2 BGB hingegen die Transformation tariflich geregelter Arbeitsbedingungen an, wonach die geltenden Tarifverträge Inhalt der Einzelarbeitsverhältnisse zwischen dem neuen Inhaber und dem Arbeitnehmer werden, siehe *Junker* (Fn. 35), Rn. 547.

123 Art. L. 132-8 Abs. 1 CT (Art. L. 2261-9 NCT). Soweit keine andere Regelung getroffen wird, beträgt die Kündigungsfrist drei Monate. Cass. soc. 22.6. 1993, N° 91-41983, Bull. civ. 1993 V N° 176, S. 119. Frankreich hat wie Deutschland von der Möglichkeit, die Fortgeltung kollektiver Normen auf ein Jahr zu begrenzen (Art. 3 Abs. 3 Richtlinie 2001/23/EG), Gebrauch gemacht. Es handelt sich insoweit um eine „transposition à minima" der Richtlinie, vgl. *Mazeaud,* Dr. soc. 2004, 293; *Olivier,* Dr. soc. 2005, 743, 746.

124 Art. L. 2261-10 NCT.

125 Ausführlich zur Verhandlungspflicht *Olivier,* Dr. soc. 2005, 743, 747 f.

126 Dazu *Lefebvre* (Fn. 16), Rn. 74780.

127 Art. L. 2261-13 NCT.

128 Cass. soc. 1.12. 1993, N° 90-42962, Bull. civ. 1993 V N° 296, S. 201; *Pélissier/Supiot/Jeammaud* (Fn. 4), S. 429; *Ray* (Fn. 40), Rn. 172; *Teyssié,* Dr. soc. 2005, 759 ff.

gen Tarifvertrag oder das bisherige Tarifabkommen bereits tatsächlich erworbenen individuellen Rechte[129].

Während des einjährigen Übergangszeitraums können sich die Arbeitnehmer gleichzeitig auf die bei dem neuen Inhaber anwendbaren Tarifnormen berufen[130]. Soweit die Tarifverträge und Tarifabkommen jeweils einen anderen Gegenstand haben, finden sie nebeneinander Anwendung[131]. Anderenfalls bedarf es eines Vergleichs der in Konkurrenz tretenden Regeln. Danach kommt grundsätzlich die für den Arbeitnehmer günstigere Regelung zur Anwendung[132]. Unabhängig von ihrer Günstigkeit kommt aber der spezielleren (betriebsnäheren) Regelung der Vorrang zu[133].

b) Sonstige kollektive Normen

Die Regel des *maintien provisoire* (vorläufige Fortgeltung) kollektiver Arbeitsbedingungen wurde von der Rechtsprechung ausgeweitet auf den *„statut collectif non négocié“*. Darunter fallen die durch betriebliche Übung *(usage)*[134], durch atypische Vereinbarungen *(accords atypiques)*[135] oder durch sogenannte *engagements unilatéraux*[136] des bisherigen Arbeitgebers entstandenen Arbeitsbedingungen[137]. Diese Arbeitsbedingungen können aber jederzeit nach allgemeinen Regeln abgeändert werden und unterliegen nicht der Mindestgeltungsdauer von einem Jahr[138]. Auch die französische Arbeits- oder Betriebsordnung *(règlement intérieur)* gilt für die übernommenen Arbeitnehmer fort, wenn der Betrieb als

129 So schon *Franzen,* Der Betriebsinhaberwechsel nach § 613a BGB im internationalen Arbeitsrecht, 1994, S. 14.

130 Cass. soc. 16.3. 1999, RJS 1999, Nr. 706; Cass. soc. 24.1. 1996, RJS 1996, Nr. 315; *Lefebvre* (Fn. 16), Rn. 74780, 52280.

131 Cass. soc. 24.6. 1992, RJS 1992, Nr. 1135.

132 Zu vergleichen ist nach Sachgruppen. Die Günstigkeit bestimmt sich aus Sicht aller Arbeitnehmer (kollektiver Vergleich), Cass. soc. 18.1. 2000, RJS 2000, Nr. 307; *Lefebvre* (Fn. 16), Rn. 52280.

133 *Lefebvre* (Fn. 16), Rn. 52280.

134 Cass. soc. 23.9. 1992, N° 89-45656, Bull. civ. 1992 V N° 479, S. 301, Dr. soc. 1992, 926.

135 Cass. soc. 16.12. 1992, N° 88-43834, Bull. civ. 1992 V N° 594, S. 374, Dr. soc. 1993, 161.

136 Cass. soc. 21.9. 2005 N° 03-43532, Bull. civ. V N° 260, S. 228; Cass. soc. 4.2. 1997, N° 95-41468, Bull. civ. 1997 V N° 47, S. 31. Bei den engagements unilatéraux handelt es sich um einseitige Verpflichtungen des Arbeitgebers (so kann er zum Beispiel einseitig die Verpflichtung übernehmen, für eine bestimmte Dauer keine Kündigungen auszusprechen).

137 Vgl. *Lavanchy/Roset/Tholy* (Fn. 22), S. 1039 ff.; *Olivier,* Dr. soc. 2005, 743, 749 ff.; *Savatier,* Dr. soc. 1993, 159 ff.

138 Im Einzelnen *Lefebvre* (Fn. 16), Rn. 74790, 52275; *Olivier*, Dr. soc. 2005, 743, 745; *Pélissier/Supiot/Jeammaud* (Fn. 4), S. 429, dort insbesondere Fn. 4.

Ganzes übergeht oder beim Erwerber als eigenständiger Betrieb bestehen bleibt. Der Erwerber kann sie aber unter den Voraussetzungen des Art. L. 122-36 CT[139] jederzeit ändern beziehungsweise seiner eigenen Arbeitsordnung anpassen[140]. Wird hingegen die bisherige Arbeitsgemeinschaft im Rahmen des Betriebsübergangs aufgelöst, findet die im Erwerberbetrieb geltende Arbeitsordnung unmittelbar Anwendung[141].

5. Stellung der Arbeitnehmervertreter

Mit dem Betriebsübergang ist oftmals eine Absenkung der an die im Betrieb beschäftigte Arbeitnehmerzahl anknüpfenden Schwellenwerte, die für die Einrichtung der Arbeitnehmervertretungsinstanzen[142] maßgeblich sind, verbunden. Dies hat Konsequenzen für den Fortbestand der Mandate der Arbeitnehmervertreter sowie der jeweiligen Arbeitnehmervertretungsinstanz selbst, und zwar sowohl im Erwerber- als auch im Veräußererbetrieb[143].

Grundsätzlich gilt, dass das Absenken der Beschäftigtenzahl allein im Veräußererunternehmen nicht automatisch zur Auflösung der Vertretungsinstanzen führt[144]. Auch im Erwerberbetrieb bestehen die Vertretungsorgane regelmäßig fort, wenn die übergegangene Einheit tatsächlich ihre Eigenständigkeit wahrt, so zum Beispiel gemäß Art. L. 435-5 CT[145], der den Fortbestand des Zentralen Un-

139 Art. L. 1321-4 NCT.

140 *Olivier,* Dr. soc. 2005, 743, 744.

141 *Olivier,* Dr. soc. 2005, 743, 744; *Ray,* Dr. soc. 1989, 56, 57.

142 Als „instances du représentation du personnel“ werden im französischen Arbeitsrecht folgende Vertretungsinstanzen bezeichnet: Der Unternehmensausschuss (comité d'entreprise), der Betriebsausschuss (comité d'établissement), der Zentrale Unternehmensausschuss (comité central d'entreprise), der Unternehmensgruppenausschuss (comité de groupe), die Personaldelegierten (délégués du personnel), der Ausschuss für Gesundheits-, Arbeitsschutz und Arbeitsbedingungen (CHSCT, comité d'hygiène, de sécurité et des conditions de travail), der Europäische Betriebsrat (comité d'entreprise européen) aber auch die Gerwerkschaftsdelegierten (délégués syndicaux). Im Fall der Personal- und der Gewerkschaftsdelegierten verschmilzt die Frage nach dem Fortbestand des Mandats mit derjenigen nach dem Fortbestand der Institution. Anders bei den Vertretungsinstanzen, denen eigene Rechtspersönlichkeit zukommt, wie dem Unternehmensausschuss und dem CHSCT. Vgl. ausführlich *Verkindt,* Dr. soc. 2005, 752.

143 *Verkindt,* Dr. soc. 2005, 752, 753.

144 Cass. soc. 3.2. 1998, N° 96-60207, Bull. civ. 1998 V N° 60, S. 44: „La baisse des effectifs d'une entreprise, consécutive au transfert d'une partie de son personnel à une autre, ne met pas fin, à elle seule, aux institutions représentatives du personnel de la première entreprise.“

145 Dem Wortlaut nach setzt Art. L. 435-5 CT (Art. L. 2327-11 NCT) die Wahrung der juristischen Selbständigkeit voraus: „En cas de modification dans la situation juridique de l'employeur telle que mentionnée au deuxième alinéa de l'article L. 122-12, le comité central de l'entreprise absorbée demeure en fonctions si l'entreprise conserve son autonomie juridique.“ Bei richtlinienkonformer Auslegung kommt es aber allein darauf an,

ternehmensausschusses im Erwerberbetrieb anordnet[146]. Im Einzelnen sind jedoch zahlreiche Konstellationen denkbar, die im Rahmen dieses Beitrags nicht dargestellt werden können[147]. Die folgenden Ausführungen beschränken sich daher auf einen Überblick über die Stellung der von einem Betriebsübergang betroffenen Arbeitnehmervertreter im Erwerberbetrieb.

Der Erhalt der Mandate der Arbeitnehmervertreter bei einem Betriebsübergang ist für die Gewerkschaftsdelegierten *(délégués syndicaux*[148]) in Art. L. 412-16 Abs. 4 CT[149], für die Personaldelegierten *(délégués du personnel)* in Art. L. 423-16 Abs. 3 CT[150] und für die Mitglieder des Unternehmensausschusses *(membres du comité d'entreprise)* in Art. L. 433-14 Abs. 1 CT[151] vorgesehen[152]. Diese Normen dienen der Umsetzung von Art. 6 Abs. 1 Richtlinie 2001/23/EG. Nach ihrem Wortlaut hängt der Erhalt der Mandate davon ab, ob die übergegangene wirtschaftliche Einheit „ihre juristische Selbständigkeit *(autonomie juridique)* behält". Dies ist stets der Fall, wenn das Unternehmen oder ein eigenständiger Betrieb *(établissement distinct)* desselben als Ganzes übergeht. Die Bestimmungen werden jedoch richtlinienkonform[153] dahingehend ausgelegt, dass es unabhängig von der Wahrung der juristischen Selbständigkeit allein darauf ankommt, ob das Unternehmen de facto seine Eigenständigkeit wahrt[154]. Ob die-

---

ob die übergegangene Einheit tatsächlich (en fait) ihre materielle Eigenständigkeit zum Zeitpunkt des Übergangs wahrt. Vgl. Cass. soc. 28.6. 1995, N° 93-14506, Bull. civ. 1995 II N° 219, S. 126. Weitere Nachweise in Fn. 154.

146 *Lefebvre* (Fn. 16), Rn. 74935.

147 Detaillierte Darstellungen zu den Auswirkungen einer Unternehmensrestrukturierung auf die Institutionen der Arbeitnehmervertretungen: *Cohen,* RPDS 2006, 231 ff.; *Verkindt,* Dr. soc. 2005, 752, 756 ff.

148 Beträgt die Belegschaftsstärke mindestens 50 Arbeitnehmer darf gemäß Art. L. 412-11 Abs. 1 CT (Art. L. 2143-3 NCT) jede repräsentative Gewerkschaft einen oder mehrere Gewerkschaftsdelegierte auf Unternehmensebene benennen. Deren Aufgabe besteht vor allem in der Vertretung der Gewerkschaft gegenüber dem Unternehmensleiter (chef de l'entreprise).

149 Art. L. 412-16 Abs. 4 CT (Art. L. 2143-10 NCT) lautet: „En cas de modification dans la situation juridique de l'employeur telle que mentionnée au deuxième alinéa de l'article L. 122-12, le mandat du délégué syndical ou du délégué syndical central subsiste lorsque l'entreprise qui fait l'objet de la modification conserve son autonomie juridique. Il en est de même lorsque la modification porte sur un établissement au sens de l'article L. 412-13."

150 Art. L. 2314-28 NCT.

151 Art. L. 2324-26 NCT.

152 Ausführlich zur Stellung der Arbeitnehmervertreter: *Carles,* RPDS 2006, 225 ff.; *Lavanchy/Roset/Tholy* (Fn. 22), S. 1033 ff.; *Milet,* RPDS 2006, 235 ff.; *Verkindt,* Dr. soc. 2005, 752 ff.

153 Vgl. Art. 6 Abs. 1 Richtlinie 2001/23/EG.

154 Ständige Rechtssprechung der Cour de Cassation: Cass. soc. 24.5. 2006, N° 05-60244, Bull. civ. 2006 V N° 191, S. 184; Cass. soc. 18.12. 2000, N° 99-60381, Bull. civ.

ses Kriterium der „Wahrung der *autonomie*" erfüllt ist, beurteilt sich im Hinblick auf die Eigenständigkeit der Betriebsabläufe, der Produktion und der Personalleitung der übergegangenen Einheit[155]. Dabei führt in aller Regel die Anwendbarkeit des Art. L. 122-12 Abs. 2 CT automatisch zur Anwendbarkeit der Bestimmungen, welche den Erhalt der Mandate anordnen, denn der Übergang einer selbständigen wirtschaftlichen Einheit mit eigener Zielsetzung unter Wahrung ihrer Identität beinhaltet gleichzeitig die Wahrung ihrer tatsächlichen Eigenständigkeit[156]. Maßgeblicher Beurteilungszeitpunkt ist der Moment, in dem sich der Betriebsübergang vollzieht[157], unabhängig davon, ob die übergangene Einheit später ihre Eigenständigkeit verliert[158].

Grundsätzlich bleibt das jeweilige Mandat bis zum Ablauf der Amtszeit bestehen. Art. L. 423-16 Abs. 4 CT[159] und Art. L. 433-14 Abs. 2 CT[160] enthalten aber für die Personaldelegierten und für die Mitglieder des Unternehmensausschusses die Möglichkeit einer Verlängerung oder Verkürzung des Mandats[161], welche dem gewöhnlichen Wahltermin im aufnehmenden Unternehmen Rechnung trägt, und einer Vereinbarung zwischen dem neuen Arbeitgeber und der jeweiligen Vertretungsinstanz bedarf[162]. Das aufnehmende Unternehmen ist nicht berechtigt vor diesem Zeitpunkt Neuwahlen durchzuführen.

V. Fazit

Divergenzen bestehen auch über 30 Jahre nach Erlass der Betriebsübergangsrichtlinie nach wie vor – nicht nur zwischen den einzelnen Mitgliedstaaten, sondern auch zwischen dem französischen Recht und den europäischen Vorgaben. Eine „echte" Umsetzungslücke kann darin gesehen werden, dass Frankreich keine Regelung getroffen hat, welche die unmittelbare und individuelle Information der Arbeitnehmer mangels Arbeitnehmervertretungsinstitution anordnet.

2000 V N° 433, S. 333; Cass. soc. 28.6. 1995, N° 93-14506, Bull. civ. 1995 II N° 219, S. 126. Dagegen endet nach Ansicht des obersten Verwaltungsgerichts das Mandat eines Mitglieds des Unternehmensausschusses, wenn die übergegangene Einheit ihre juristische Selbständigkeit verliert und im Erwerberbetrieb nicht als eigenständiger Betrieb (établissement distinct) fortbesteht. CE 8.1. 1997, N° 154728. Ausführlich *Carles,* RPDS 2006, 225 ff.; *Gatumel* (Fn. 8), Rn. 1619; *Lefebvre* (Fn. 16), Rn. 74935; *Verkindt,* Dr. soc. 2005, 752, 753.

155 *Carles,* RPDS 2006, 225 mit einigen Beispielen.

156 *Verkindt,* Dr. soc. 2005, 752, 753.

157 Cass. soc. 3.2. 1998, N° 95-41423, Bull. civ. 1998 V N° 62, S. 45; *Verkindt,* Dr. soc. 2005, 752, 753.

158 Cass. soc. 28.6. 1995, N° 94-40362, Bull. civ. 1995 V N° 219, S. 159.

159 Art. L. 2314-28 NCT (délégués du personnel).

160 Art. L. 2324-26 NCT (membres du comité d'entreprise).

161 Das Mandat der Gewerkschaftsdelegierten besteht hingegen ohnehin für unbegrenzte Zeit.

162 Ausführlich: *Lefebvre* (Fn. 16), Rn. 74935; *Verkindt,* Dr. soc. 2005, 752, 754.

Die vorgenommene Analyse der französischen Normen zum *transfert d'entreprise* belegt, wie die Rezeption der EuGH-Rechtsprechung aufgrund unterschiedlicher Tradition und Systematik der nationalen Rechtsordnungen verschiedene dogmatische und praktische Ergebnisse in den Mitgliedstaaten zeitigt. Es widerspricht den klaren Vorgaben des EuGH, wenn die französische Rechtsprechung weiterhin zur Bejahung eines Betriebsübergangs stets (auch) den Übergang sächlicher und immaterieller Mittel verlangt. Dies verdeutlicht, dass auf dem Weg der Angleichung arbeitsrechtlicher Schutzstandards in Europa Information und Zusammenarbeit erforderlich sind, zwischen den nationalen Gerichten und dem EuGH aber auch zwischen den Arbeitsgerichtsbarkeiten der einzelnen Mitgliedstaaten[163].

163 In diesem Sinne insbesondere *Zumfelde,* Neue Zeitschrift für Arbeitsrecht (NZA) 1995, 614, 617.

Der Betriebsübergang *(sucesíon de empresa)* im spanischen Arbeitsrecht

von *Martin Fröhlich,* München*

I. Einleitung

Kern der spanischen Regelung des Betriebsübergangsrechts ist Art. 44[1] des *Estatuto de los Trabajadores* (im Folgenden: ET). In ihrer Fassung von 2001 dient die Norm der Umsetzung der europäischen Vorgaben aus den Betriebsübergangsrichtlinien[2]. Das Schicksal des Arbeitsverhältnisses bei einem Betriebsübergang wurde in Spanien erstmals 1931 im *Ley de Contrato de Trabajo* (LCT) geregelt. Die Regelungen zu Verfahren und Rechtsfolgen des Betriebsübergangs sind ein Paradebeispiel der Schutzwirkung des Arbeitsrechts[3].

II. Voraussetzungen des Betriebsübergangs

Nach Art. 44 ET müssen zwei Voraussetzungen erfüllt sein, damit ein Betriebsübergang vorliegt: Es muss ein Wechsel in der Inhaberschaft eines Unternehmens, Betriebs oder Betriebsteils erfolgen (1.) und die Identität der übertragenen wirtschaftliche Einheit gewahrt bleiben (2.).

1. Inhaberwechsel

Der Inhaberwechsel *(cambio de titularidad)* kann sich durch Rechtsgeschäft (a) oder auf andere Weise (b) vollziehen. Die Betriebsübergangsrichtlinie 2001/23/EG erstreckt ihren Anwendungsbereich lediglich auf vertragliche Übergänge (Art. 1 Abs. 1 lit. a). Indem Art. 44 ET auch nicht-vertragliche Inhaber-

---

* Martin Fröhlich ist Wissenschaftlicher Assistent am Zentrum für Arbeitsbeziehungen und Arbeitsrecht (ZAAR), München.

1 In der 2001 reformierten Fassung, Ley 12/2001 vom 9.7. 2001, Boletín Oficial del Estado (BOE) 10.7. 2001; im Internet abrufbar unter www.boe.es.

2 Richtlinie 2001/23/EG zur Angleichung der Rechtsvorschriften der Mitgliedstaaten über die Wahrung von Ansprüchen der Arbeitnehmer beim Übergang von Unternehmen, Betrieben oder Unternehmens- oder Betriebsteilen (Amtsblatt EG 2001 L 82/16). Zuvor bereits Richtlinie 77/187/EWG zur Angleichung der Rechtsvorschriften der Mitgliedstaaten über die Wahrung von Ansprüchen der Arbeitnehmer beim Übergang von Unternehmen, Betrieben oder Betriebsteilen (Amtsblatt EG 1977 L 61/26); geändert durch die Richtlinie 98/50/EG zur Änderung der Richtlinie 77/187/EWG zur Angleichung der Rechtsvorschriften der Mitgliedstaaten über die Wahrung von Ansprüchen der Arbeitnehmer beim Übergang von Unternehmen, Betrieben oder Betriebsteilen (Amtsblatt EG 1998 L 201/88). Zur Umsetzung der Richtlinie 2001/23/EG *Martin,* Die Umsetzung der Unternehmensübergangsrichtlinie in Spanien, 2005.

3 *Marín Correa,* Revista del Ministerio de Trabajo y Asuntos Sociales (RMTAS) Nr. 48 (2004), 83.

wechsel einbezieht, geht er über die Vorgaben der Richtlinie hinaus[4]. Der Wortlaut der spanischen Regelung ist so weit gefasst, dass jeder Rechtsgrund erfasst ist, der zu einem Inhaberwechsel führt. Entscheidend ist allein, dass ein Inhaberwechsel vollzogen wurde[5].

a) Durch Rechtsgeschäft

Für einen Inhaberwechsel durch Rechtsgeschäft ist der Wechsel der physischen oder juristischen Person erforderlich, die den Betrieb führt[6]. Eine Übertragung des Eigentums ist dabei nicht erforderlich[7]. Erfasste Rechtsgeschäfte sind: der Kauf, die Pacht, die Umwandlung, die Schenkung, die Abspaltung und Fusion von Gesellschaften[8].

Nach Art. 1. Abs. 1 lit. c der Richtlinie[9] ist ihr Anwendungsbereich auf öffentliche und private Unternehmen, die eine wirtschaftliche Tätigkeit ausüben, gleichermaßen anzuwenden. Dies gilt unabhängig davon, ob sie Erwerbszwecke verfolgen oder nicht. Eine entsprechende Bestimmung fehlt im spanischen Recht. Eine ausdrückliche Anordnung ist jedoch nicht erforderlich. Eine Anwendung des Betriebsübergangsrechts allein auf private Unternehmen ist nach dem weit gefassten Wortlaut der spanischen Regelung nicht möglich. Stattdes-

---

4 *Sagardoy Bengoechea/Del Valle Villar/Gil y Gil,* Prontuario de derecho del trabajo, 8. Aufl. 2006, S. 318; *Martín Valverde/García Murcia,* Tratado Practico de Derecho del Trabajo, 2008, S. 2243; *Moreno Gené,* El nuevo régimen jurídico-laboral de la sucesión de empresa, 2003, S. 30.

5 *Del Rey Guanter/Martínez Fons/Serrano Olivares,* RMTAS Nr. 58 (2005), 221, 222; *González Biedma,* in: Del Rey Guanter, Estatuto de los Trabajadores, Comentado y con Jurisprudencia, 2005, Art. 44 Nr. 3; *Martín Valverde/García Murcia* (Fn. 4), S. 2243; *Moreno Gené* (Fn. 4), S. 28.

6 EuGH 10.2. 1988 – Rs. 324/86, Slg. 1988, 739 (Daddy's Dance Hall); EuGH 19.9. 1995 – Rs. C-48/94, Slg. 1995, I-2745 (Rygaard); EuGH 11.3. 1997 – Rs. C-13/95, Slg. 1997, I-1259 (Süzen).

7 *Del Rey Guanter/Martínez Fons/Serrano Olivares,* RMTAS Nr. 58 (2005), 221, 222.

8 *Alonso Olea/Casas Baamonde,* Derecho del Trabajo, 27. Aufl. 2006, S. 460; *Desdentado Bonete,* RMTAS Nr. 38 (2002), S. 241, 243; *Montoya Melgar/Galiana Moreno/Sempere Navarro/Ríos Salmerón,* Comentarios al Estatuto de los Trabajadores, 6. Aufl. 2005, S. 377; *Martín Valverde/García Murcia* (Fn. 4), S. 2244.

9 Siehe Art. 1 Abs. 1 lit. c der Richtlinie 2001/23/EG (Fn. 2): „Diese Richtlinie gilt für öffentliche und private Unternehmen, die eine wirtschaftliche Tätigkeit ausüben, unabhängig davon, ob sie Erwerbszwecke verfolgen oder nicht. Bei der Übertragung von Aufgaben im Zuge einer Umstrukturierung von Verwaltungsbehörden oder bei der Übertragung von Verwaltungsaufgaben von einer Behörde auf eine andere handelt es sich nicht um einen Übergang im Sinne dieser Richtlinie".

sen ist Art. 44 ET in Übereinstimmung mit der Richtlinie auch auf öffentliche Unternehmen anzuwenden[10].

Die spanische Regelung geht sogar noch über die Vorgaben des Art. 1 Abs. 1 lit. c der Richtlinie hinaus. Hiervon abweichend nimmt der spanische Gesetzgeber die Übertragung von Aufgaben im Zuge einer Umstrukturierung von Verwaltungsbehörden oder bei der Übertragung von Verwaltungsaufgaben von einer Behörde auf eine andere nicht vom Anwendungsbereich der Betriebsübergangsregelung aus[11].

b) Auf andere Weise

Von Art. 44 ET sind die in der Richtlinie nicht vorgesehenen Betriebsübergänge von Todes wegen und durch staatlichen Eingriff erfasst.

Art. 44 ist nicht auf vertragliche Übergänge beschränkt und umfasst den Betriebsübergang von Todes wegen *(mortis causa),* der in der Richtlinie nicht vorgesehen ist[12]. In Art. 49.1.g ET[13] ist der Tod des Arbeitgebers als Beendigungsgrund des Arbeitsverhältnisses angeführt, sofern nicht Art. 44 ET abweichende Bestimmungen trifft. Der Übergang des Betriebs erfolgt jedoch nicht unmittelbar mit dem Tod des Erblassers. Die Erben sind nicht durch Art. 44 ET zur Übernahme des Betriebs verpflichtet[14]. Sie können das Erbe annehmen, ohne jedoch das Unternehmen weiterzuführen. Insofern haben sie ein Wahlrecht. Das Gesetz gibt für dessen Ausübung keine Frist zur Entscheidung vor. Die Entscheidung ist auch unabhängig von der Frist zur Annahme des Erbes[15]. Die Erben können den Betrieb vorläufig weiterführen. Sie sollen ihre Entscheidung überprüfen können. Die vorübergehende Weiterführung erfüllt noch nicht den Tatbestand des Betriebsübergangs. Allerdings gelten währenddessen die Rechtsfolgen des Art. 44 ET zumindest vorübergehend, als ob der Betrieb tatsächlich übergegangen sei[16]. Führt der Erbe den Betrieb endgültig nicht weiter, hat er den

---

10 *Martín Valverde/García Murcia* (Fn. 4), S. 2248; *Moreno Gené* (Fn. 4), S. 34; *Marín Correa,* RMTAS Nr. 48 (2004), 83, 88.

11 *Cruz Villalón,* Estatuto de los Trabajadores Comentado, 2003, S. 552; *Martín Valverde/García Murcia* (Fn. 4), S. 2249.

12 *Rodríguez-Piñero,* Relaciones Laborales (RL) 2002-I, 645, 663.

13 Art. 49 ET: „1. el contrato de trabajo se extinguíra: ... g) por muerte, jubilación en los casos previstos en régimen correspondiente de la Seguridad Social, o incapacidad del empresario, sin perjuicio de lo dispuesto en el artículo 44, o por extinción de la personalidad jurídica de contratante."

14 *Alonso Olea/Casas Baamonde* (Fn. 8), S. 459; *Marín Correa,* RMTAS Nr. 48 (2004), 83, 88; *Cruz Villalón* (Fn. 11), S. 557; *Sempere Navarro/Cavas Martínez,* Aranzadi Social (AS), 2001-V, 127, 137.

15 *Sagardoy Bengoechea/Del Valle Villar/Gil y Gil* (Fn. 4), S. 318.

16 *Molero Manglano/Sánchez-Cervera Valdés/López Álvarez/Matorras Díaz-Caneja,* Manual de Derecho del Trabajo, 6. Aufl. 2006, S. 472 f.

Arbeitnehmern eine Entschädigung in Höhe von einem Monatsgehalt zu zahlen (Art. 49.1.g ET).

Da ein vertraglicher Rahmen im Unterschied zu den gemeinschaftsrechtlichen Vorgaben für einen Betriebsübergang nicht erforderlich ist, sind von Art. 44 ET Übertragungen aufgrund eines staatlichen Eingriffs erfasst. Beispiele sind: die Enteignung, der Eigentumserwerb in einer Zwangsversteigerung, die Vollstreckung in die Hypothek[17]. Nicht erfasst ist eine Versteigerung, wenn lediglich Güter oder vereinzelte Rechte aus einem Betrieb erworben werden[18].

2. Identitätswahrung der wirtschaftlichen Einheit

Für den Betriebsübergang ist erforderlich, dass die übertragene wirtschaftliche Einheit trotz des Inhaberwechsels ihre Identität bewahrt *(...entidad económica que mantenga su identidad,* Art. 44.2 ET).

a) Begriff der wirtschaftlichen Einheit

In wörtlicher Übereinstimmung mit der Richtlinie ist eine wirtschaftliche Einheit nach Art. 44.2 ET[19] die organisierte Gesamtheit von Ressourcen zur Verfolgung einer wirtschaftlichen Haupt- oder Nebentätigkeit. Art. 44.1 ET[20] bezeichnet als Gegenstand eines Übergangs das Unternehmen, den Betrieb[21] oder einen Betriebsteil[22]. Regelmäßig wird darauf verzichtet, die übergehende wirtschaftliche Einheit genau zu bestimmen. Der Schwerpunkt der Prüfung, ob ein Be-

17 *González Biedma,* in: Del Rey Guanter (Fn. 5), Art. 44 Nr. 3; *Marín Correa,* RMTAS Nr. 48 (2004), 83, 88; *Montoya Melgar/Galiana Moreno/Sempere Navarro/Ríos Salmerón* (Fn. 8), S. 377.

18 *Alonso Olea/Casas Baamonde* (Fn. 8), S. 461.

19 Art. 44.2 ET: „A los efectos de lo previsto en el presente artículo, se considerará que existe sucesión de empresa cuando la transmisión afecte a una entidad económica que mantenga su identidad, entendida como un conjunto de medios organizados a fin de llevar a cabo una actividad económica, esencial a accesoria."

20 Art. 44.1 ET: „El cambio de titularidad de una empresa, de un centro de trabajo o de una unidad productiva autónoma no extinguirá por si mismo la relación laboral, quedando el nuevo empresario subrogado en las derechos y obligaciones laborales y de Seguridad Social del anterio, incluyendo los compromisos de pensiones, en los términos previstos en su normativa específica, y, en general, cuantas obligaciones en materia de protección social complementaria hubiere adquirido el cedente."

21 Anders als in Deutschland ist in Spanien der Betriebsbegriff in Art. 1.5 ET legaldefiniert als eine selbständige Organisation mit einer örtlichen und materiellen Abgrenzbarkeit.

22 Zur Definition der Begriffe Unternehmen und Betrieb in Art. 44 ET *Martín Valverde/García Murcia* (Fn. 4), S. 2240; *Sempere Navarro/Cavas Martínez,* AS 2001-V, 127, 132.

triebsübergang im Sinne der Vorschrift gegeben ist, liegt auf der Identitätswahrung der übertragenen wirtschaftlichen Einheit[23].

b) Wahrung der Identität

Die übertragene wirtschaftliche Einheit bewahrt ihre Identität, wenn der Erwerber dieselbe oder eine gleichartige Geschäftstätigkeit weiterführt[24]. Nach der für die Mitgliedsstaaten maßgeblichen Rechtsprechung des EuGH ist die Wahrung der Identität anhand sämtlicher den betreffenden Vorgang kennzeichnenden Tatsachen festzustellen. Die bloße Fortführungsmöglichkeit der wirtschaftlichen Tätigkeit genügt nicht. Im Einzelnen kommt es auf folgende Aspekte an: (1) die Art der betreffenden wirtschaftlichen Einheit, (2) den Übergang von Betriebsmitteln, (3) den Wert der immateriellen Aktiva im Zeitpunkt des Übergangs, (4) die Übernahme der Hauptbelegschaft durch den neuen Inhaber, (5) den Übergang der Kundschaft, (6) den Grad der Ähnlichkeit zwischen den vor und nach dem Übergang verrichteten Tätigkeiten und (7) die Dauer einer eventuellen Unterbrechung der Tätigkeit. Diese Umstände sind Teilaspekte einer Gesamtbewertung und dürfen nicht isoliert betrachtet werden[25]. Dabei ist im jeweiligen Einzelfall die Eigenart der unternehmerischen Tätigkeit maßgeblich[26]. Es kann nur auf solche Ressourcen ankommen, die für den jeweiligen Geschäftszweck erforderlich sind[27]. Ist ein Betrieb im Wesentlichen nicht durch den Einsatz von Betriebsmitteln, sondern von menschlicher Arbeitskraft geprägt, kommt es für einen Betriebsübergang nicht darauf an, ob Betriebsmittel übertragen werden. Die Übernahme von Arbeitnehmern kann für einen Betriebsübergang ausreichen. Dann muss der Erwerber nicht nur die betreffende Tätigkeit weiterführen, sondern auch einen nach Zahl und Sachkunde wesentlichen Teil des Personals des Veräußerers übernehmen[28].

Bis 2004 ging die spanische Rechtsprechung von einem engeren Begriff des Betriebsübergangs als der EuGH aus[29]. Das *Tribunal Supremo* setzte für ei-

---

23 *Martin* (Fn. 2), S. 94.

24 *Molero Manglano/Sánchez-Cervera Valdés/López Álvarez/Matorras Díaz-Caneja* (Fn. 16), S. 469.

25 EuGH 18.3. 1986 – Rs. 24/85, Slg 1986, 1119 (Spijkers); EuGH 11.3. 1997 – Rs. C-13/95 (Fn. 6) (Süzen).

26 EuGH 11.3. 1997 – Rs. C-13/95 (Fn. 6) (Süzen); EuGH 10.12. 1998 – Rs. C-173/96, C-247/96, Slg. 1998, I-8237 (Sánchez Hidalgo); EuGH 20.11. 2003 – Rs. 340/01, Slg. 2003, I-14023 (Abler).

27 *Del Rey Guanter/Martínez Fons/Serrano Olivares,* RMTAS Nr. 58 (2005), 221, 227.

28 EuGH 14.4. 1994 – Rs. C-392/92, Slg. 1994, I-1311 (Schmidt); EuGH 24.1. 2002 – Rs. C-51/00, Slg. 2002, I-969 (Temco); EuGH 15.12. 2005 – Rs. C-232/04 und C-233/04, Slg. 2005, I-11237 (Güney-Görres).

29 Zur Kritik an der vorherigen Rechtsprechung des Tribunal Supremo und deren Unvereinbarkeit mit der EuGH-Rechtsprechung *Cruz Villalón* (Fn. 11), S. 553; *Moreno Gené*

nen Betriebsübergang die Übertragung von materiellen Betriebsmitteln voraus. Die Übernahme lediglich von Funktion und Arbeitskräften war kein Betriebsübergang[30].

Erst mit seiner Entscheidung vom 20.10. 2004[31] hat das *Tribunal Supremo* seine Bindung an die Vorgaben des EuGH aus der Entscheidung *Süzen*[32] anerkannt und angewandt. Dennoch machte es deutlich, von den Kriterien des EuGH nicht überzeugt zu sein[33]. Die Übernahme von Personal habe nichts mit der Übertragung des Unternehmens zu tun, sondern sei eine Entscheidung des Erwerbers, um die Erfahrung der Arbeitnehmer für seine Zwecke zu nutzen. Die Personalübernahme sei Rechtsfolge des Betriebsübergangs und könne nicht zugleich Voraussetzung sein. Die Anwendung des Art. 44 ET und seiner Garantien kehre den intendierten Arbeitnehmerschutz in sein Gegenteil um. Die Bereitschaft zur Übernahme von Personal schwinde mit den drohenden Rechtsfolgen des Art. 44 ET, insbesondere der strengen gesamtschuldnerischen Haftung. Die Kritik des *Tribunal Supremo* an der Rechtsprechung des EuGH wird von der Literatur überwiegend nicht geteilt[34].

(Fn. 4), S. 60 ff.; *Rodríguez-Piñero,* RL 2002-I, 645, 667; *Sanguineti Raymond,* RL 2004-II, 681, 687 ff.

30 TS 29.1. 2002, N° de Recurso 4749/2002, Repertorio de Jurisprudencia Aranzadi (RJ) 2002, 427; TS 18.9. 2000, N° de Recurso 2281/1999, RJ 2000, 8299. Die Entscheidungen des Tribunal Supremo können unter Angabe des Datums bzw. N° de Recurso im Internet abgerufen werden unter: http://www.poderjudicial.es/.

31 TS 20.10. 2004, N° de Recurso 4424/2003, RJ 2004, 7160: „4. de conformidad con el art. 234 del Tratado de la Comunidad Europea, la doctrina establecida por el Tribunal de Justicia de las Comunidades Europeas, al resolver cuestiones prejudiciales, es vinculante para esta Sala que ha de acatarla y ello no sólo en caso decidido por la sentencia que resuelva la cuestión prejudicial, sino con carácter general en todas aquellas que queden comprendidas en la interpretación que se establece, salvo que, como consequencia del planteamiento de optra cuestión prejudicial se produzca un cambio en la doctrina comunitaria."

32 EuGH 11.3. 1997 – Rs. C-13/95 (Fn. 6) (Süzen).

33 „4. … Y es que, a juicio de esta Sala, dificilmente puede ser la asunción de la plantilla un criterio válido para determinar la existencia de un transmisión de empresa, con los efectos de ella se derivan en nuestro ordenamiento. …"

34 *González Biedma,* in: Del Rey Guanter (Fn. 5), Art. 44 Nr. 7; *Molero Manglano/ Sánchez-Cervera Valdés/López Álvarez/Matorras Díaz-Caneja* (Fn. 16), S. 468; dem TS zustimmend *Marín Correa,* RMTAS Nr. 48 (2004), 83, 86; *Martín Valverde/García Murcia* (Fn. 4), S. 2251. Vorgeschlagen wird allerdings auch, die Rechtsfolgen des Art. 44 ET nur anzuwenden, wenn die Übernahme der Belegschaft freiwillig erfolgte. Beruhte sie auf Verpflichtungen aus einem Kollektivvertrag o.ä., soll dieser auch für die Folgen der Übernahme maßgeblich sein, *Del Rey Guanter/Martínez Fons/Serrano Olivares,* RMTAS Nr. 58 (2005), 221, 233.

III. Verfahren

Während der Vorbereitung des Betriebsübergangs sind von Veräußerer und Erwerber Verfahrensvorgaben einzuhalten. Der spanische Gesetzgeber ist erst im Zuge der Reform des Betriebsübergangsrechts von 2001 seiner bereits aus der Richtlinie 77/187/EWG bestehenden Verpflichtung zur Umsetzung der Informations- und Konsultationspflichten nachgekommen[35]. Zuvor war lediglich der Veräußerer verpflichtet, über die Tatsache des Betriebsübergangs zu informieren. Gründe, Folgen und mögliche Konsequenzen für die Arbeitnehmer mussten nicht mitgeteilt werden[36]. Auch andere Vorschriften des spanischen Rechts zur Arbeitnehmermitbestimmung konnten das Umsetzungsdefizit nicht ausgleichen[37].

1. Informationspflichten

Seit 2001 genügt eine bloße Mitteilung über den Betriebsübergang nicht mehr. Bereits vor dem Übergang sind Veräußerer und Erwerber dazu verpflicht, ihre jeweiligen Arbeitnehmervertreter umfassend über die Umstände des Betriebsübergangs zu informieren. Ihre Informationspflicht umfasst: das vorgesehene Datum des Übergangs, Gründe für den Übergang, rechtliche, wirtschaftliche und soziale Folgen des Übergangs für den Arbeitnehmer und vorgesehene Maßnahmen hinsichtlich der Arbeitnehmer (Art. 44.6 ET[38]). Fehlt eine Arbeitnehmervertretung, sind die vom Übergang betroffenen Arbeitnehmer selbst Adressaten (Art. 44.7 ET[39]). Die Informationen müssen rechtzeitig erteilt werden. Der Veräußerer muss seine Arbeitnehmer vor dem Betriebsübergang informieren; den Erwerber trifft die Informationspflicht zumindest bevor seine Arbeitnehmer in ihren Beschäftigungs- und Arbeitsbedingungen vom Übergang betroffen werden

---

35 *Martin* (Fn. 2), S. 411; *Valdés Dal-Ré,* RL 2002-I, 675, 694.

36 Art. 44.1 ET a.F.: „El cambio de titularidad de la empresa, centro de trabajo o de una unidad productiva autónoma de la misma, no extinguíra pos sí mismo la relación laboral, quedando el nuevo empresario subrogando en los derechos y obligaciones laborales del anterior. Cuando el cambio tenga lugar por actos „inter vivos", el cedente, y en su defecto el cesionario, está obligado a notifivar dicho cambio a los representantes legales de los trabajadores de la empresa cedida, respndiendo ambos solidariamente durante tres años de las obligaciones laborales nacidas con anterioridad a la transmisión y que no hubieran sido satisfechas."

37 *Martin* (Fn. 2), S. 411; *Valdés Dal-Ré,* RL 2002-I, 675, 692 ff.

38 Art. 44.6 ET: „El cedente y el cesionario deberán informar a los representantes legales de sus trabajadores respectivos afectados por el cambio de titularidad de los siguientes extremos: a) Fecha prevista de la transmisión; b) Motivos de la transmisión; c) Consecuencias jurídicas, económicas y sociales, para los trabajadores, de la transmisión, y d) Medidas previstas respecto de los trabajadores."

39 Art. 44.7 ET: „De no haber representantes legales de los trabajadores, el cedente y el cesionari deberán facilitar la información mencionada en el apartado anterior a los trabajadores que pudieren resultar afectados por la transmisión."

(Art. 44.8 ET[40]). Der Gesetzestext entspricht exakt dem Wortlaut der Richtlinie[41]. Der spanische Gesetzgeber hat es unterlassen, die Vorgaben der Richtlinie hinsichtlich Form oder Zeitpunkt zu konkretisieren[42].

2. Konsultationspflichten

Den Arbeitnehmervertretern stehen Beteiligungsrechte zu, soweit es um Änderungen im Arbeitsverhältnis im Zusammenhang mit einem Betriebsübergang geht. Veräußerer und/oder Erwerber haben die Arbeitnehmervertreter für die von ihnen jeweils geplanten „arbeitsrechtlichen Maßnahmen" (*„medidas laborales")* zu konsultieren (Art. 44.9 ET[43]). Die weite Bezeichnung der *„medidas laborales"* führt dazu, dass jede Veränderung der Arbeitsbeziehung die Konsultationspflicht auslösen kann[44]. Sie besteht, wenn der Arbeitgeber auf das Arbeitsverhältnis in einer Weise einwirkt, die über die Möglichkeiten der allgemeinen Weisungsbefugnis hinausgeht. Das ist der Fall bei einer wesentlichen Tätigkeitsänderung (Art. 39.5 i.V.m. Art. 41.1.d ET), einer Versetzung (Art. 40 ET[45]), einer wesentlichen Änderung der Arbeitsbedingungen (Art. 41 ET[46]), ei-

40 Art. 44.8 ET: „El cedente vendrá obligado a facilitar la información mencionada en los apartados anteriores con la suficiente antelación, antes de la realización de la transmisión. El cesionario estará obligado a comunicar estas informaciones con la suficiente antelación y, en todo caso, antes de que sus trabajadores se vean afectados en sus condiciones de empleo y de trabajo por la transmisión. En los supuestos de fusión y escisión de sociedades, el cedente y el cesionario habrán de proporcionar la indicada información, en todo caso, al tiempo de publicarse la convocatoria de las juntas generales que han de adoptar los respectivos acuerdos."

41 *González Biedma,* in: Del Rey Guanter (Fn. 5), Art. 44 Nr. 13; *Desdentado Bonete,* RMTAS Nr. 38 (2002), 241, 260.

42 *Valdés Dal-Ré,* RL 2002-I, 675, 698; *Sanguineti Raymond,* RL 2004-II, 681, 700.

43 Art. 44.9 ET: „El cedente o el cesionario que previere adoptar, con motivo de la transmisión, medidas laborales en relación con sus trabajadores vendrá obligado a iniciar un período de consultas con los representantes legales de los trabajadores sobre las medidas previstas y sus consecuencias para los trabajadores. Dicho período de consultas habrá de celebrarse con la suficiente antelación, antes de que las medidas se lleven a efecto. Durante el período de consultas, las partes deberán negociar de buena fe, con vistas a la consecución de un acuerdo. Cuando las medidas previstas consistieren en traslados colectivos o en modificaciones sustanciales de las condiciones de trabajo de carácter colectivo, el procedimiento del período de consultas al que se refiere el párrafo anterior se ajustará a lo establecido en los artículos 40.2 y 41.4 de la presente Ley."

44 *Moreno Gené* (Fn. 4), S. 169; *Sanguineti Raymond,* RL 2004-II, 681, 702.

45 Zu Art. 40 ET: *Sala Franco,* RMTAS Nr. 58 (2005), 99 ff.; *Pérez-Amorós/Rojo Torrecilla,* Movilidad Geográfica, Festschrift Alonso Garcia, 1995, S. 231 ff.

46 Ausführlich zu Art. 41 ET *Vallejo Dacosta,* Modificaciones de las Condiciones de Trabajo, 2002; *San Martín Mazzucconi,* El Régimen Jurídico de la Modificación Sustancial de las Condiciones de Trabajo, 1999; *Bejarano Hernández,* Modificaciones sustanciales de las condiciones de trabajo y vías procesales de impugnación, 2000.

ner Aussetzung des Arbeitsverhältnisses (Art. 47 ET) und einer wirtschaftlich bedingten Kündigung (Art. 52.c und Art. 51 ET)[47].

Die Parteien sind verpflichtet, nach Treu und Glauben *(„buena fe")* miteinander auf den Abschluss einer einvernehmlichen Lösung hinzuwirken. Damit obliegt den Arbeitgebern nicht nur die Konsultation der Arbeitnehmer. Sie sind verpflichtet, mit ihnen zu verhandeln. Der spanische Gesetzgeber ist mit dieser Regelung über die Vorgaben der Richtlinie hinausgegangen[48]. Soweit die entsprechenden Maßnahmen (Art. 40.2 bzw. Art. 41.4 ET) selbst Konsultationsverfahren mit besonderen Anforderungen vorsehen, sind sie vorrangig[49].

Werden die Konsultationen unterlassen, wirkt sich das nicht auf die Wirksamkeit des Betriebsübergangs aus. Der Arbeitgeber kann jedoch nicht wie beabsichtigt auf das Arbeitsverhältnis einwirken. Sanktionen durch die spanische Arbeitsverwaltung sind möglich[50].

IV. Rechtsfolgen

Maßgeblicher Zeitpunkt für den Eintritt der Rechtsfolgen des Betriebsübergangs ist der Moment, in dem die Inhaberschaft, mit der die Verantwortung für den Betrieb der betreffenden Einheit verbunden ist, vom Veräußerer auf den Erwerber übergeht. Dieser Zeitpunkt ist objektiv bestimmbar und Vereinbarungen zwischen Veräußerer und Erwerber nicht zugänglich[51]. Die Norm sieht in Übereinstimmung mit der Richtlinie eine doppelte Schutzwirkung vor: Der Erwerber tritt in die Rechte und Pflichten des Veräußerers ein und der Betriebsübergang als solcher beendet nicht das Arbeitsverhältnis[52].

1. Übergang des Arbeitsverhältnisses

Das Arbeitsverhältnis geht wie in der Richtlinie vorgesehen (Art. 3 Abs. 1) auf den Erwerber über. Er tritt in die Rechte und Pflichten des Veräußerers ein (Art. 44.1 ET[53]). Ein entgegenstehender Wille von Veräußerer oder Erwerber ist

---

47 *Molero Marañón,* in: Valdés Dal-Ré, Manual jurídico de negociación colectiva, 2008, S. 782; *Sanguineti Raymond,* RL 2004-II, 681, 702; *Valdés Dal-Ré,* RL 2002-I, 675, 699.

48 *Sanguineti Raymond,* RL 2004-II, 681, 701; *Valdés Dal-Ré,* RL 2002-I, 675, 699.

49 *Martín Valverde/Rodríguez-Sañudo Gutiérrez/García Murcia,* Derecho del Trabajo, 14. Aufl. 2005, S. 654; *Molero Manglano/Sánchez-Cervera Valdés/López Álvarez/Matorras Díaz-Caneja* (Fn. 16), S. 473 f.

50 *Molero Manglano/Sánchez-Cervera Valdés/López Álvarez/Matorras Díaz-Caneja* (Fn. 16), S. 475; *Sanguineti Raymond,* RL 2004-II, 681, 703.

51 EuGH 26.5. 2005 – Rs. C-478/03, Slg. 2005, I-4389 (Celtec).

52 *Molero Manglano/Sánchez-Cervera Valdés/López Álvarez/Matorras Díaz-Caneja* (Fn. 16), S. 475.

53 Siehe oben (Fn. 20).

unbeachtlich[54]. Der Eintritt erfolgt kraft Gesetzes vollständig in alle Arbeitsbedingungen, unabhängig von ihrer Rechtsnatur[55]. Vom Übergang sind sämtliche Arbeitnehmer[56] der übergegangenen Einheit erfasst. Nicht in den Schutzbereich des Art. 44 ET fallen die Arbeitnehmer, deren Arbeitsverträge vor dem Übergang vom Veräußerer wirksam beendet worden sind[57].

In Art. 3 Abs. 4 lit. a der Richtlinie wird es den Mitgliedsstaaten freigestellt, ob der Eintritt des Erwerbers auch auf Leistungen bei Alter, Invalidität oder für Hinterbliebene aus betrieblichen oder überbetrieblichen Zusatzversorgungseinrichtungen außerhalb der gesetzlichen Systeme der sozialen Sicherheit Anwendung findet. Der spanische Gesetzgeber hat von dieser Ausschlussmöglichkeit keinen Gebrauch gemacht. Der Erwerber tritt in die genannten Verpflichtungen gleichfalls ein. Art. 44 ET umfasst somit mehr, als die Richtlinie vorgibt[58].

2. Kein Widerspruchsrecht

Die spanische Regelung sieht kein Widerspruchsrecht des Arbeitnehmers gegen den Betriebsübergang vor. Er kann eine Fortsetzung des Arbeitsverhältnisses mit dem Veräußerer nicht erreichen[59]. Das verlangt das Gemeinschaftsrecht allerdings auch nicht. Der EuGH hat zwar betont, dass es der Würde des Arbeitnehmers widerspreche, wenn man ihn dazu verpflichte, sein Arbeitsverhältnis mit einem Arbeitnehmer fortzusetzen, den er sich nicht selbst ausgesucht habe. Weigert sich der Arbeitnehmer, sein Arbeitsverhältnis mit dem Erwerber fortzusetzen, bleiben die rechtlichen Konsequenzen hieraus den Mitgliedsstaaten überlassen. Das Gemeinschaftsrecht verpflichtet die Mitgliedsstaaten nicht, die Auf-

---

54 *Del Rey Guanter/Martínez Fons/Serrano Olivares,* RMTAS Nr. 58 (2005), 221, 240.

55 *Montoya Melgar/Galiana Moreno/Sempere Navarro/Ríos Salmerón* (Fn. 8), S. 373.

56 Der Arbeitnehmerbegriff ist in Spanien legaldefniert, Art. 1 ET. Beamte sind vom Arbeitnehmerbegriff ausgenommen (Art. 1.3.a), u.a. für leitende Angestellte bestehen Sonderregelungen (Art. 2.1.a). Zum persönlichen Anwendungsbreich des ET *Luján Alcaraz,* El ámbito subjetivo del Estatuto de los Trabajadores, RMTAS Nr. 58 (2005), 13 ff.

57 *Alonso Olea/Casas Baamonde* (Fn. 8), S. 462; *Montoya Melgar/Galiana Moreno/Sempere Navarro/Ríos Salmerón* (Fn. 8), S. 373: *Martín Valverde/García Murcia* (Fn. 4), S. 2258.

58 *Martín Valverde/García Murcia* (Fn. 4), S. 2266; *Moreno Gené* (Fn. 4), S. 97; *Desdentado Bonete,* RMTAS Nr. 38 (2002), 241, 255; *González Biedma,* in: Del Rey Guanter (Fn. 5), Art. 44 Nr. 6; *Molero Manglano/Sánchez-Cervera Valdés/López Álvarez/Matorras Díaz-Caneja* (Fn. 16), S. 477; *Cruz Villalón* (Fn. 11), S. 556; *Rodríguez-Piñero,* RL 2002-I, 645, 669; *Sanguineti Raymond,* RL 2004-II, 681, 694. Zum spanischen Sozialrecht allgemein *Molero Manglano/Sánchez-Cervera Valdés/López Álvarez/Matorras Díaz-Caneja* (Fn. 16), S. 1085 ff.

59 *Martin* (Fn. 2), S. 449; *Martín Valverde/García Murcia* (Fn. 4), S. 2257; *Moreno Gené* (Fn. 4), S. 90.

rechterhaltung des Arbeitsvertrags mit dem Veräußerer vorzusehen[60]. Möchte der Arbeitnehmer sein Arbeitsverhältnis nicht mit dem Erwerber fortsetzen, steht es ihm offen zu kündigen (Art. 49.1.d ET[61])[62].

3. Kündigungsschutz

Die Arbeitsverträge bestehen unabhängig vom Willen des Veräußerers oder Erwerbers fort. Aufgrund des Betriebsübergangs kann der Erwerber das Arbeitsverhältnis ebenso wenig nach der Übertragung beenden wie der Veräußerer zuvor. Das Gemeinschaftsrecht schließt Kündigungen aus anderen, im nationalen Recht vorgesehenen Gründen allerdings nicht aus. Veräußerer und Erwerber haben hierbei die eventuellen Konsultationspflichten zu beachten[63].

In Art. 44 ist das europarechtliche Gebot nicht ausdrücklich enthalten, dass ein Arbeitnehmer nicht aufgrund des Betriebsübergangs gekündigt werden kann[64]. Das ist allerdings auch nicht erforderlich. Die Kündigung durch den Arbeitgeber ist im spanischen Arbeitsrecht in den Art. 49 ff. ET geregelt[65]. Danach kann der Arbeitgeber ausschließlich aufgrund bestimmter, abschließend aufgezählter Gründe kündigen[66]. Eine Kündigung wegen eines Betriebsübergangs ist nicht vorgesehen[67].

4. Haftung

Auch wenn seine Position als Arbeitgeber vom Erwerber eingenommen wird, wird der Veräußerer nicht vollständig von seinen bisherigen Verpflichtungen frei[68]. Art. 44.3 ET[69] bestimmt eine gesamtschuldnerische Haftung von Veräuße-

---

60 EuGH 16.12. 1992 – Rs. C-132/91, C-138/91, Slg. 1992, I-6577 (Katsikas); EuGH 5.5. 1987 – Rs. 144/87, 145/87, Slg. 1988, 2559 (Berg).

61 Art. 49 ET: „1. El contrato de trabajo se extinguirá ... d) Por dimisión del trabajador, debiendo mediar el preaviso que señalen los convenios colectivos o la costumbre del lugar.“

62 *Del Rey Guanter/Martínez Fons/Serrano Olivares,* RMTAS Nr. 58 (2005), 221, 241.

63 *Alonso Olea/Casas Baamonde* (Fn. 8), S. 461; *Del Rey Guanter/Martínez Fons/Serrano Olivares,* RMTAS, Nr. 58 (2005), 221, 241; *Martín Valverde/García Murcia* (Fn. 4), S. 2258.

64 *Rodríguez-Piñero,* RL 2002-I, 645, 668.

65 Zum Kündigungsrecht *Montayo Melgar,* Derecho Del Trabajo, 27. Aufl. 2006, S. 463 ff.; *Asunción Domblás/Fernández Baraibar,* Causas del Despido Objetivo, 2007; *Meyer,* Die betriebsbedingte Kündigung in der Bundesrepublik Deutschland und im Königreich Spanien, 1999; *Lotz,* Arbeitsrechtlicher Kündigungsschutz in Spanien, 1997.

66 Das spanische Recht sieht eine Kündigung aus objektiven Gründen (despido por causas objetivas, Art. 52 ET), eine disziplinarische Kündigung (despido disciplinario, Art. 54) sowie die Massenentlassung (despido colectivo, Art. 51 ET) vor.

67 *Desdentado Bonete,* RMTAS Nr. 38 (2002), 241, 255.

68 *Montoya Melgar/Galiana Moreno/Sempere Navarro/Ríos Salmerón* (Fn. 8), S. 373.

rer und Erwerber für Verpflichtungen, die vor (a) dem Betriebsübergang entstanden sind. Ausnahmsweise besteht die Haftung auch für nachträglich entstandene Ansprüche (b). Anspruchsberechtigt sind die in den Schutzbereich der Norm fallenden Arbeitnehmer (c).

a) Verpflichtungen vor Übergang

Für Verpflichtungen, die vor dem Übergang entstanden sind, besteht eine gesamtschuldnerische Haftung von Veräußerer und Erwerber für die Dauer von drei Jahren. Die Frist von drei Jahren geht der für Leistungsansprüche aus dem Arbeitsvertrag allgemein vorgesehenen Frist von nur einem Jahr (Art. 59.2 ET) als Sonderregelung vor[70].

b) Verpflichtungen nach Übergang

Schuldner der nach dem Übergang entstandenen Verpflichtungen ist grundsätzlich allein der Erwerber. Ausnahmsweise sieht die spanische Regelung auch eine zusätzliche Haftung des Veräußerers vor, wenn der Übergang den Straftatbestand des Art. 311.2 *Código Penal* (CP)[71] erfüllt. Voraussetzung ist ein vorhergehendes Urteil des zuständigen Strafrichters[72]. Dadurch ist die Vorschrift von „zweifelhafter Effektivität“[73]. Der Tatbestand des Art. 311.2 CP ist erfüllt, wenn der Erwerber Arbeitsbedingungen aufrecht erhält, welche die Rechte des Arbeitnehmers unterdrücken und die der Veräußerer durch Betrug oder in Ausnutzung einer Notsituation durchgesetzt hat.

---

69 Art. 44.3: „Sin perjuicio de lo establecido en la legislación de Seguridad Social, el cedente y el cesionario, en las transmisiones que tengan lugar por actos intervivos, responderán solidariamente durante tres años de las obligaciones laborales nacidas con anterioridad a la transmisión y que no hubieran sido satisfechas. El cedente y el cesionario también responderán solidariamente de las obligaciones nacidas con posterioridad a la transmisión, cuando la cesión fuese declarada delito.“

70 *Alonso Olea/Casas Baamonde* (Fn. 8), S. 464; *Montoya Melgar/Galiana Moreno/Sempere Navarro/Ríos Salmerón* (Fn. 8), S. 382; *Martín Valverde/García Murcia* (Fn. 4), S. 2269; a.A. *Desdentado Bonete,* RMTAS Nr. 38 (2002), 241, 260; *González Biedma,* in: Del Rey Guanter (Fn. 5), Art. 44 Nr. 8.

71 Art. 311.2 Código Penal: „Serán castigados con las penas de prisión de seis meses a tres años y multa de seis a doce meses: ... Los que en el supuesto de transmisión de empresas, con conocimiento de los procedimientos descritos en el apartado anterior, mantengan las referidas condiciones impuestas por otro.“ Hierzu *Martín Valverde/Rodríguez-Sañudo Gutiérrez/García Murcia* (Fn. 49), S. 780 ff.

72 *González Biedma,* in: Del Rey Guanter (Fn. 5), Art. 44 Nr. 8; *Molero Manglano/Sánchez-Cervera Valdés/López Álvarez/Matorras Díaz-Caneja* (Fn. 16), S. 478; *Sagardoy Bengoechea/Del Valle Villar/Gil y Gil* (Fn. 4), S. 317; *Martín Valverde/García Murcia* (Fn. 4), S. 2270; *Cruz Villalón* (Fn. 11), S. 557.

73 *Sanguineti Raymond,* RL 2004-II, 681, 699; *Sempere Navarro/Cavas Martínez,* AS 2001-V, 127, 145.

c) Vom Schutzbereich erfasste Arbeitnehmer

Im Unterschied zu Art. 3.1 der Richtlinie, erfasst die spanische Regelung auch Arbeitnehmer, die im Zeitpunkt des Übergangs dem Objekt des Übergangs nicht mehr angehören. Die Richtlinie erstreckt ihren Schutzbereich auf im Zeitpunkt des Übergangs bestehende Arbeitsverträge[74]. Art. 44 ET enthält somit zwei unterschiedliche Garantien: Einerseits garantiert Art. 44.1 den Eintritt des Erwerbers in die arbeitsrechtlichen Rechte und Pflichten des Veräußerers, welche allein die im Zeitpunkt des Betriebsübergangs bestehenden Arbeitsverhältnisse erfasst. Andererseits enthält die Vorschrift die gesamtschuldnerische Haftung für die vor dem Übergang entstandenen Verpflichtungen des Veräußerers, die noch nicht erfüllt worden sind. Diese Haftungsregelung wirkt auch zugunsten von Arbeitnehmern, deren Arbeitsverhältnis im Zeitpunkt des Betriebsübergangs nicht mehr bestand[75]. Der Arbeitnehmer soll sich an demjenigen schadlos halten können, der Inhaber der Vermögenswerte ist[76]. Die Haftungsregelungen des spanischen Rechts gehen über die Vorgaben der Richtlinie hinaus[77].

5. Fortgeltung der Kollektivverträge

In Übereinstimmung mit Art. 3 Abs. 3 der Richtlinie sollen die im Zeitpunkt des Betriebsübergangs für den Arbeitnehmer geltenden Arbeitsbedingungen auch beim Erwerber erhalten bleiben. Sind die Arbeitnehmer der übergehenden wirtschaftlichen Einheit vom Geltungsbereich eines Kollektivvertrags[78] erfasst, bestimmt Art. 44.4 ET[79] seine (vorübergehende) Fortgeltung nach dem Betriebs-

---

74 Art. 3 Abs. 1 Satz 2 der Richtlinie: „Die Mitgliedstaaten können vorsehen, dass der Veräußerer und der Erwerber nach dem Zeitpunkt des Übergangs gesamtschuldnerisch für die Verpflichtungen haften, die vor dem Zeitpunkt des Übergangs durch einen Arbeitsvertrag oder ein Arbeitsverhältnis entstanden sind, der bzw. das zum Zeitpunkt des Übergangs bestand.“

75 *Desdentado Bonete,* RMTAS Nr. 38 (2002), 241, 259; *Martin* (Fn. 2), S. 219; *Martín Valverde/Rodríguez-Sañudo Gutiérrez/García Murcia* (Fn. 49), S. 655; *Montoya Melgar/Galiana Moreno/Sempere Navarro/Ríos Salmerón* (Fn. 8), S. 381; *Martín Valverde/García Murcia* (Fn. 4), S. 2268.

76 *Montoya Melgar/Galiana Moreno/Sempere Navarro/Ríos Salmerón* (Fn. 8), S. 382.

77 *Desdentado Bonete,* RMTAS Nr. 38 (2002), 241, 259.

78 Zum spanischen Kollektivvertragsrecht *Montoya Melgar* (Fn. 65), S. 151 ff.; *Selenkewitsch,* Spanisches Tarifrecht, 2004.

79 Art. 44.4 ET: „Salvo pacto en contrario, establecido una vez consumada la sucesión mediante acuerdo de empresa entre el cesionario y los representantes de los trabajadores, las relaciones laborales de los trabajadores afectados por la sucesión seguirán rigiéndose por el convenio colectivo que en el momento de la transmisión fuere de aplicación en la empresa, centro de trabajo o unidad productiva autónoma transferida. Esta aplicación se mantendrá hasta la fecha de expiración del convenio colectivo de origen o hasta la entrada en vigor de otro convenio colectivo nuevo que resulte aplicable a la entidad económica transmitida.“

übergang. Sofern die Arbeitnehmervertreter mit dem neuen Arbeitgeber nicht eine abweichende Vereinbarung getroffen haben, gilt der im Zeitpunkt des Übergangs geltende Kollektivvertrag weiter, bis er ausläuft oder ein neuer abgeschlossen wird[80]. Die spanische Regelung gliedert die Arbeitsbedingungen aus dem Kollektivvertrag nicht in die individuellen Arbeitsverträge ein[81].

Sofern der Erwerber vor dem Übergang nicht kollektivvertraggebunden war oder derselbe Kollektivvertrag Anwendung fand, ergeben sich keine Überschneidungen mit anderen Kollektivverträgen. Ist das Unternehmen des Erwerbers kollektivvertraglich anders gebunden, entsteht Tarifpluralität[82]. Die Bestimmung des Art. 44.4 ET geht den allgemeinen Geltungs- und Konkurrenzregeln für Kollektivverträge als *lex specialis* vor[83]. Der beim Veräußerer anwendbare Kollektivvertrag gilt in seiner im Zeitpunkt des Übergangs bestehenden Fassung fort. Nachträgliche Änderungen des Kollektivvertrags sind unbeachtlich[84]. Selbst wenn die übergegangene wirtschaftliche Einheit ihre Selbständigkeit nicht bewahrt, sondern in das bestehende Unternehmen des Erwerbers integriert wird, können die übergegangenen Arbeitnehmer die Anwendung des im Erwerberunternehmen gültigen Kollektivvertrags nicht verlangen[85].

Der Begriff des Kollektivvertrags ist in Art. 44.4 ET weit auszulegen. Er erfasst nicht nur die Kollektivverträge, die nach den Vorschriften des ET zustande gekommen sind (Titel III ET), sondern auch die Betriebsvereinbarungen nach anderen Vorschriften[86].

Die Wirkung des bisherigen Kollektivvertrags endet zu dem Zeitpunkt, in dem er auch ohne Betriebsübergang ausgelaufen wäre, oder bis ein neuer Kollektivvertrag für das neue Unternehmen geschlossen wird. Nach spanischem Recht muss der Kollektivvertrag eine Bestimmung über seine zeitliche Geltung enthalten. Der Kollektivvertrag läuft jedoch nicht automatisch zu diesem vereinbarten Termin aus. Erforderlich ist die Kündigung einer der Parteien. Wird der Vertrag nicht gekündigt, verlängert sich die Geltung des Kollektivvertrages

---

80 *Alonso Olea/Casas Baamonde* (Fn. 8), S. 465; *Martín Valverde/Rodríguez-Sañudo Gutiérrez/García Murcia* (Fn. 49), S. 652.

81 *Molero Marañón,* in: Valdés Dal-Ré (Fn. 47), S. 763; *Sanguineti Raymond,* RL 2004-II, 681, 695; *Valdés Dal-Ré,* RL 2002-I, 675, 683; *Herraiz Martín,* RL 2004-II, 517, 531.

82 TS 14.5. 2002, N° de Recurso 1286/2001, RJ 2002, 7554.

83 Zur Konkurrenz von Tarifverträgen *Martín Valverde/Rodríguez-Sañudo Gutiérrez/Garía Murcia* (Fn. 49), S. 364 ff.

84 *Moreno Gené* (Fn. 4), S. 113.

85 *Molero Marañón,* in: Valdés Dal-Ré (Fn. 47), S. 765; *Moreno Gené* (Fn. 4), S. 112.

86 *Del Rey Guanter/Martínez Fons/Serrano Olivares,* RMTAS Nr. 58 (2005), 221, 244; *Molero Marañón,* in: Valdés Dal-Ré (Fn. 47), S. 764; *Moreno Gené* (Fn. 4), S. 111.

(prórroga anual automática) um ein Jahr (Art. 86.2 ET). Verlängert sich die Geltung des Kollektivvertrags, gilt er auch i.S.d. des Art. 44.4 ET fort[87].

Wird der Kollektivvertrag dagegen ordnungsgemäß gekündigt, bleibt sein normativer Inhalt durch Nachwirkung *(ultraactividad)* dennoch Bestandteil des Arbeitsverhältnisses (Art. 86.3 ET). Besteht die Nachwirkung bereits im Zeitpunkt des Betriebsübergangs ist seine weitere Anwendung geboten. Die Richtlinie beabsichtigt die Fortgeltung der im Moment des Übergangs für die Arbeitnehmer gültigen Arbeitsbedingungen. Ergeben sich diese Arbeitsbedingungen lediglich aus einem nachwirkenden Kollektivvertrag, so sind sie dennoch zu erhalten[88].

Tritt die Nachwirkung des beim Veräußerer anwendbaren Kollektivvertrags erst nach dem Übergang der wirtschaftlichen Einheit ein, ist seine Fortgeltung umstritten. Der Sinn der Nachwirkung eines Kollektivvertrages ist es, die Arbeitnehmer nicht schutzlos zu stellen, bis ein neuer Kollektivvertrag in Kraft tritt. An diesem Schutzbedürfnis könnte es hier fehlen, da die Arbeitnehmer in den Anwendungsbereich des beim Erwerber gültigen Kollektivvertrags fielen[89]. Die Rechtsprechung legt den Wortlaut des Art. 44.4 ET *(„extinción")* allerdings so aus, dass ein Kollektivvertrag erst dann i.S.d. Vorschrift ausläuft, wenn von ihm keine – wie auch immer ausgestaltete – Wirkung ausgeht. Danach ist der nachwirkende Kollektivvertrag noch nicht ausgelaufen[90]. Die Arbeitsbedingungen aus diesem Kollektivvertrag sind deshalb für den Erwerber noch solange maßgeblich, bis ein neuer Kollektivvertrag für das Erwerberunternehmen in Kraft tritt[91].

Art. 44.4 ET sieht anders als die Richtlinie die Möglichkeit vor, dass durch eine Vereinbarung die Arbeitsbedingungen beim Erwerber vereinheitlicht werden. Der beim Erwerber anwendbare Kollektivvertrag gilt nicht fort, wenn sich Arbeitnehmervertreter und Erwerber nach dem Betriebsübergang darauf verständigen. Es soll nicht stur am bisherigen Kollektivvertrag festgehalten werden,

---

87 *Molero Marañón,* in: Valdés Dal-Ré (Fn. 47), S. 767.

88 *Molero Marañón,* in: Valdés Dal-Ré (Fn. 47), S. 768.

89 *Molero Manglano/Sánchez-Cervera Valdés/López Álvarez/Matorras Díaz-Caneja* (Fn. 16), S. 480; *Del Rey Guanter/Martínez Fons/Serrano Olivares,* RMTAS Nr. 58 (2005), 221, 245; *Molero Manglano,* Revista Española de Derecho del Trabajo (REDT) 2003, 739, 743; *Herraiz Martín,* RL 2004-II, 517, 530.

90 TS 11.10. 2002, N° de Recurso 920/2002, RJ 2002, 10682; TS 15.10. 2003, N° de Recurso 4553/2002, RJ 2003, 8709.

91 *Molero Marañón,* in: Valdés Dal-Ré (Fn. 47), S. 769; *Montoya Melgar/Galiana Moreno/Sempere Navarro/Ríos Salmerón* (Fn. 8), S. 385; *Martín Valverde/Rodríguez-Sañudo Gutiérrez/García Murcia* (Fn. 49), S. 652; *Martín Valverde/García Murcia* (Fn. 4), S. 2261; *Sanguineti Raymond,* RL 2004-II, 681, 696; *Valdés Dal-Ré,* RL 2002-I, 675, 684.

wenn eine flexible Lösung zu den Gegebenheiten des neuen Arbeitgebers besser passt[92]. Diese Vereinbarung ist an zwei Voraussetzungen gebunden: Sie muss erstens nach dem Betriebsübergang und zweitens zwischen dem Arbeitgeber und den Arbeitnehmervertretern geschlossen werden[93].

Die Vereinbarkeit dieser spanischen Regelung mit den Vorgaben der Richtlinie ist umstritten. Die Richtlinie schreibt in Art. 3 Abs. 3 vor, dass die Arbeitsbedingungen aus dem beim Veräußerer anwendbaren Kollektivvertrag für die übergegangenen Arbeitnehmer mindestens ein Jahr lang fortzugelten haben. Diese Bestimmung könnte durch eine solche Vereinbarung nach Art. 44.4 ET unterlaufen werden[94].

In der Literatur wird angeführt, die Richtlinie lasse zu, dass der beim Erwerber bestehende Kollektivvertrag durch einen neuen abgelöst wird. Deshalb müsse der bisher beim Erwerber gültige Kollektivvertrag auch für andere kollektiv vereinbarte Änderungen zugänglich sein[95]. Die Betroffenen könnten so über die Arbeitsbedingungen selbst bestimmen[96]. Nach dem Wortlaut der spanischen Vorschrift sei es nicht einmal erforderlich, dass die Vereinbarung zu für die Arbeitnehmer günstigeren Arbeitsbedingungen führe[97].

Allerdings ist die Vorgabe der Richtlinie eindeutig. Die Richtlinie sieht eine Wahlmöglichkeit nicht vor. Die im Zeitpunkt des Übergangs geltenden Arbeitsbedingungen sind für den Zeitraum von einem Jahr zu garantieren. Zu Ungunsten der Arbeitnehmer kann von einer europarechtlichen Vorgabe nicht abgewichen werden. Das nationale Recht kann nur Verbesserungen gegenüber den europäischen Vorgaben schaffen. Deshalb kann eine solche Vereinbarung nur gültig sein, wenn dadurch für die Arbeitnehmer bessere Arbeitsbedingungen geschaffen werden, als im Kollektivvertrag des Veräußerers vorgesehen. Die garantierte Fortgeltung der bisherigen Arbeitsbedingungen könnte sonst unterlaufen werden. Deshalb ist Art. 44.4 ET richtlinienkonform auszulegen. Durch Vereinbarung kann auf die garantierte Fortgeltung der im Zeitpunkt des Betriebsübergangs geltenden Arbeitsbedingungen nur verzichtet werden, wenn der

92 *González Biedma,* in: Del Rey Guanter (Fn. 5), Art. 44 Nr. 9; *Molero Manglano/Sánchez-Cervera Valdés/López Álvarez/Matorras Díaz-Caneja* (Fn. 16), S. 479; *Cruz Villalón* (Fn. 47), S. 558.

93 *Molero Marañón,* in: Valdés Dal-Ré (Fn. 47), S. 772.

94 *Desdentado Bonete,* RMTAS Nr. 38 (2002), 241, 257.

95 *Sanguineti Raymond,* RL 2004-II, 681, 697.

96 *Moreno Gené* (Fn. 4), S. 117.

97 *Sanguineti Raymond,* RL 2004-II, 681, 697; *Sempere Navarro/Cavas Martínez,* AS 2001-V, 127, 146; *Cruz Villalón* (Fn. 11), S. 558.

beim Erwerber geltende Kollektivvertrag für die Arbeitnehmer günstigere Arbeitsbedingungen enthält[98].

6. Stellung der Arbeitnehmervertreter

Soweit die übergegangene wirtschaftliche Einheit ihre Selbständigkeit bewahrt, beendet der Betriebsübergang als solcher Mandat und Funktion der gesetzlichen Arbeitnehmervertreter[99] nicht (Art. 44.5 ET[100]). Der spanische Gesetzgeber hat damit die Vorgaben der Richtlinie fast wörtlich übernommen. Auf zusätzliche Klarstellungen in den weiteren relevanten Fragen wurde jedoch verzichtet[101].

Verliert die wirtschaftliche Einheit infolge des Übergangs ihre Selbständigkeit, verlieren im Umkehrschluss auch die Arbeitnehmervertreter ihre Mandate[102]. Die Vorschrift selbst bestimmt die weiteren Konsequenzen jedoch nicht. Die allgemeinen Vorschriften des *Estatuto de los Trabajadores* finden Anwendung[103]. Wird der Betriebsteil in einen beim Erwerber bestehenden Betrieb integriert, führt das Anwachsen der Belegschaft zu Nachwahlen[104] von Arbeitnehmervertretern (Art. 67.1 ET)[105]. Der Arbeitnehmervertreter, der durch den Betriebsübergang seine Funktion verliert, erhält den in Art. 68.c ET vorgesehenen Schutz: Während seiner Amtszeit und dem nachfolgenden Jahr kann er nicht gekündigt oder sanktioniert werden[106]. Alternativ gilt das in einem anwendbaren Kollektivvertrag Vereinbarte[107].

---

98 *Molero Marañón,* in: Valdés Dal-Ré (Fn. 47), S. 777; *Moreno Gené* (Fn. 4), S. 120; *Martin* (Fn. 2), S. 338; *Del Rey Guanter/Martínez Fons/Serrano Olivares,* RMTAS Nr. 58 (2005), 221, 253.

99 In Spanien bestehen zwei Arten der Arbeitnehmervertretung im Betrieb: die unitarische sowie die gewerkschaftliche. Zum Recht der Arbeitnehmervertretung in Spanien *Montoya Melgar* (Fn. 65), S. 535 ff.; *Schneider,* Die spanische Betriebsverfassung, 1997; *Sáez Lara,* RMTAS Nr. 58 (2005), 315 ff.

100 Art. 44.5 ET: „Cuando la empresa, el centro de trabajo o la unidad productiva objeto de la transmisión conserve su autonomía, el cambio de titularidad del empresario no extinguirá por sí mismo el mandato de los representantes legales de los trabajadores, que seguirán ejerciendo sus funciones en los mismos términos y bajo las mismas condiciones que regían con anterioridad.“

101 *Moreno Gené* (Fn. 4), S. 147.

102 *Desdentado Bonete,* RMTAS Nr. 38 (2002), 241, 257.

103 *Martín Valverde/García Murcia* (Fn. 4), S. 2263; *Sanguineti Raymond,* RL 2004-II, 681, 698; *Valdés Dal-Ré,* RL 2002-I, 675, 691.

104 Hierzu *Falguera Baró,* in: Del Rey Guanter (Fn. 5), Art. 67.

105 *Martín Valverde/García Murcia* (Fn. 4), S. 2263.

106 *Martín Valverde/García Murcia* (Fn. 4), S. 2264; *Marín Correa,* RMTAS Nr. 48 (2004), 83, 88; *Sanguineti Raymond,* RL 2004-II, 681, 698.

107 *Desdentado Bonete,* RMTAS Nr. 38 (2002), 241, 257.

V. Fazit

Nach der Reform des Betriebsübergangsrechts 2001 beseitigte der spanische Gesetzgeber nicht alle Divergenzen zu den gemeinschaftsrechtlichen Vorgaben. Erst 2004 passte sich das *Tribunal Supremo* an die Rechtsprechung des EuGH (Rechtssache *Süzen)* – wenn auch widerwillig – an und setzte nunmehr für einen Betriebsübergang nicht mehr die Übertragung sächlicher oder immaterieller Betriebsmittel voraus. Weiterhin gibt Art. 44 ET die Richtlinie zwar teilweise wörtlich wieder, die Vereinbarkeit des spanischen Rechts mit dem Gemeinschaftsrecht ist jedoch nicht immer unstrittig: Die Vorschrift des Art. 44.4 ET, wonach die Fortgeltung der aufgrund Kollektivvertrags im Zeitpunkt des Betriebsübergangs geltenden Arbeitsbedingungen durch Vereinbarung zwischen Arbeitnehmervertretern und Arbeitgeber abgedungen werden kann, ist richtlinienkonform auszulegen.

Der Betriebsübergang *(Virksomhedsoverdragelse)* im dänischen Arbeitsrecht

von *Julia Koch,* München*

I. Einleitung

Die Vorgaben der Betriebsübergangsrichtlinie 77/187/EWG[1] (jetzt Richtlinie 2001/23/EG[2]) hat der dänische Gesetzgeber bereits 1979 in nationales Recht umgesetzt. Da eine gesetzliche Regelung zum Schutz der Arbeitnehmer beim Übergang eines Unternehmens bis zu diesem Zeitpunkt fehlte[3], war der Erlass eines eigenständigen Gesetzes notwendig. Aus diesem Grund trat am 1.4. 1979 das Betriebsübergangsgesetz[4] *(Lov om Lønmodtageres Retsstilling ved Virksomhedsoverdragelse*[5]) in Kraft, das zu einer wesentlichen Verbesserung der Rechtsstellung der Arbeitnehmer führte, die früher beim Übergang eines Unternehmens kaum geschützt waren[6]. Das Betriebsübergangsgesetz wurde schließlich durch das Gesetz Nr. 441 vom 7.6. 2001 ersetzt[7], das in erster Linie Klar-

---

* Julia Koch ist Wissenschaftliche Hilfskraft am Zentrum für Arbeitsbeziehungen und Arbeitsrecht (ZAAR), München.

1 Richtlinie 77/187/EWG vom 14.2. 1977 zur Angleichung der Rechtsvorschriften der Mitgliedstaaten über die Wahrung von Ansprüchen der Arbeitnehmer beim Übergang von Unternehmen, Betrieben oder Betriebsteilen (Amtsblatt EG 1977 L 61/26), geändert durch die Richtlinie 98/50/EG vom 29.6. 1998 zur Änderung der Richtlinie 77/187/EWG vom 14.2. 1977 zur Angleichung der Rechtsvorschriften über die Wahrung von Ansprüchen der Arbeitnehmer beim Übergang von Unternehmen, Betrieben oder Betriebsteilen (Amtsblatt EG 1998 L 201/88).

2 Richtlinie 2001/23/EG vom 12.3. 2001 zur Angleichung der Rechtsvorschriften der Mitgliedstaaten über die Wahrung von Ansprüchen der Arbeitnehmer beim Übergang von Unternehmen, Betrieben oder Betriebsteilen (Amtsblatt EG 2001 L 82/16).

3 *Alsbæk,* Der Betriebsübergang und seine individualarbeitsrechtlichen Folgen in Europa, 2000, S. 123.

4 Im dänischen Recht wird ausschließlich der Begriff des Unternehmensübergangs verwendet, da der Begriff des Betriebs in Dänemark kaum gebräuchlich ist, vgl. *Alsbæk* (Fn. 3), S. 127. Dennoch wird entsprechend der deutschen Terminologie im folgenden Beitrag nur der Begriff des Betriebsübergangs verwendet.

5 Lov Nr. 111 vom 21.3. 1971, im Folgenden nur noch als Betriebsübergangsgesetz bezeichnet. Der Gesetzestext des Betriebsübergangesetzes (Lov om Lønmodtagers Retsstilling ved Virksomhedsoverdragelse) kann im Internet unter http://www.bm.dk abgerufen werden.

6 *Alsbæk* (Fn. 3), S. 125.

7 Auch der Gesetzestext des lov Nr. 441 vom 7.6. 2001 ist unter http://www.bm.dk abrufbar.

stellungsfunktion hat, um strittige Rechtsfragen auszuräumen. Eine Änderung der Rechtslage ging mit dem Erlass dieses Gesetzes nicht einher.

II. Persönlicher Anwendungsbereich des Betriebsübergangsgesetzes

Aus dem Titel des dänischen Umsetzungsgesetzes geht hervor, dass es die Rechtsstellung von Gehaltsempfängern beim Betriebsübergang betrifft. Die Betriebsübergangsrichtlinie 77/187/EWG sowie die Änderungsrichtlinie 2001/23/EG verwenden dagegen den Begriff des Arbeitnehmers. Doch begründet die unterschiedliche Terminologie keine Unterschiede im Anwendungsbereich. Der Begriff des Gehaltsempfängers ist lediglich gebräuchlicher in der dänischen Sprache und wird mit dem Begriff des Arbeitnehmers synonym verwendet. Allerdings enthält weder das Umsetzungsgesetz selbst noch die Richtlinie 77/187/EWG eine Definition des Arbeitnehmerbegriffs[8].

Deshalb stellte sich für nationale Gerichte die Frage, ob der Begriff gemeinschaftsrechtlich autonom auszulegen ist oder die nationalen Bestimmungen des betreffenden Mitgliedstaates ausschlaggebend sein sollten. Das Westliche Landgericht *(Vestre Landsret)* hatte deshalb mit Beschluss vom 10.4. 1984 dem Europäischen Gerichtshof (EuGH) die Frage zur Vorabentscheidung vorgelegt, ob eine Person, die 50 % des Einflusses in der betreffenden Gesellschaft ausübt, vom Begriff des Arbeitnehmers erfasst ist. Der EuGH entschied, der Begriff des Arbeitnehmers im Sinne der Richtlinie 77/187/EWG sei so zu verstehen, dass von ihm alle Personen erfasst sind, die aufgrund von nationalen arbeitsrechtlichen Vorschriften als Arbeitnehmer geschützt sind. Es sei daher Sache des nationalen Gerichts festzustellen, ob dies im konkreten Fall zutreffe[9].

Nach dänischem Recht kann der Begriff des Arbeitnehmers divergieren, je nachdem, welches Gesetz im konkreten Fall zur Anwendung gelangt[10]. Regelmäßige Voraussetzung ist jedoch, dass die infrage stehende Person eine Position inne hat, die dem Arbeitgeber eine sogenannte laufende Instruktionsbefugnis

8 In der Betriebsübergangs-Richtlinie 2001/23/EG (Fn. 2) ist der Begriff des Arbeitnehmers nunmehr definiert. Vgl. Art. 2 Abs. 1 lit. d Richtlinie 2001/23/EG: Arbeitnehmer ist demnach jede Person, die in dem betreffenden Mitgliedstaat aufgrund des einzelstaatlichen Arbeitsrechts geschützt ist.

9 EuGH 11.7. 1985 – Rs. 105/84, Slg. 1985, 2639 (Danmols).

10 Aus diesem Grund kann eine Person beispielsweise in Bezug auf das Urlaubsgesetz (Ferielov) als Arbeitnehmer angesehen werden, im Rahmen des Angestelltengesetzes (Funktionærlov) dagegen nicht. Ob die betreffende Person im konkreten Fall als Arbeitnehmer einzustufen ist, muss deshalb unter Berücksichtigung aller Umstände des Einzelfalls in Bezug auf die einschlägigen Rechtsnormen entschieden werden, vgl. *Nielsen*, Lærebog i Arbejdsret, 2005, S. 319.

eröffnet[11]. Leitende Angestellte fallen dabei nicht unter den Begriff des Arbeitnehmers[12].

Im vorliegenden Fall entschied das Westliche Landgericht, dass eine Person, die als Anteilseigner ein Drittel der Aktien hält und die 50 % des Einflusses in der betreffenden Gesellschaft ausübt, keine Dienststellung einnimmt. Aus diesem Grund sei der Kläger auch nicht als Arbeitnehmer im Sinne des Betriebsübergangsgesetzes zu betrachten und könne demzufolge auch keine Ansprüche gegenüber dem Erwerber des Unternehmens geltend machen[13]. Damit ist das Gericht der Ansicht des EuGH gefolgt, der die Einbeziehung unter den Begriff des Arbeitnehmers nach der Richtlinie 2001/23/EG versagt, wenn der Mitarbeiter aus freiem Entschluss beim Erwerber keine Stellung als Arbeitnehmer mehr einnimmt[14].

Gleichzeitig wurde die Mindermeinung, die vertreten hatte, dass der Erwerber auch für Ansprüche von ehemaligen Arbeitnehmern des Veräußerers einzustehen habe, mit dieser Entscheidung nicht bestätigt. Begründet wurde diese Auffassung mit dem Wortlaut des § 2 Abs. 1 Betriebsübergangsgesetz[15], der besagt, dass der Erwerber in die Rechte und Pflichten eintritt, die beim Betriebsübergang bestehen. Zwar ist anzunehmen, dass eine solche Auslegung nicht gegen die Richtlinie 2001/23/EG verstößt, die ausweislich ihres Art. 8 lediglich Mindeststandards aufstellen möchte[16]. Doch führt diese Auffassung in der Praxis

11 *Hansen*, Kündigungsschutzrecht und Kündigungsschutzverfahren in Dänemark und Deutschland, 2007, S. 81.

12 *Alsbæk* (Fn. 3), S. 139.

13 Vgl. Urteil des Westlichen Landgerichts – U 1986.54 VL (Danmols)

14 EuGH 11.7. 1985 – Rs. 105/84 (Fn. 9), 2639 (Danmols). Vgl. auch das Urteil des Obersten Gerichts (Højesteret) – U 2001/1011 H (Carlsbergdepotet); der Anspruchssteller war zunächst Inhaber eines Depots und später nur noch Geschäftsführer. Das Oberste Gericht verneinte hier die Anwendung des Betriebsübergangsgesetzes, da der Anspruchssteller vor dem Betriebsübergang keine Arbeitnehmerstellung eingenommen hatte.

15 § 2 Abs. 1 des Betriebsübergangsgesetzes lautet: „Overdrages en virksomhed eller en del heraf, intræder erhververen umiddelbart i de rettigheder og forpligtelser, der bestod på overtagelsestidspunktet i henhold til
1. kollektiv overenskomst og aftale,
2. bestemmelser om løn- og arbejdsforhold, det er fastsat eller godkendt af offentlig myndighed, og
3. individuel aftale om løn- og arbejdsforhold."

16 Gemäß Art. 8 schränkt die Richtlinie 2001/23/EG (Fn. 2) die Möglichkeit der Mitgliedstaaten nicht ein, für die Arbeitnehmer günstigere Rechts- oder Verwaltungsvorschriften anzuwenden oder zu erlassen. Aus diesem Grund steht Art. 3 der Richtlinie, der besagt, dass der Erwerber in die Rechte und Pflichten aus dem Arbeitsverhältnis eintritt, die zum Zeitpunkt des Betriebsübergangs bestanden, der Auslegung der Mindermeinung nicht entgegen, die § 2 Betriebsübergangsgesetz auch für die Ansprüche von Arbeit-

zu einigen Problemen. Würde der Erwerber auch für Ansprüche von Arbeitnehmern haften, die schon lange vor dem Betriebsübergang aus dem Unternehmen ausgeschieden sind, wäre es äußerst schwierig, ein in einer finanziellen Krise befindliches Unternehmen zu veräußern[17]. Deshalb wendet auch die dänische Rechtsprechung das Umsetzungsgesetz nur auf die Arbeitnehmer an, deren Arbeitsverhältnis bei Betriebsübergang bestand[18]. Ob ein solches Arbeitsverhältnis bestand, ist nach nationalem Recht zu beurteilen. Dabei müssen jedoch die zwingenden Vorschriften der Richtlinie 2001/23/EG über den Schutz der Arbeitnehmer gegen eine betriebsübergangsbedingte Kündigung beachtet werden[19].

Das dänische Betriebsübergangsgesetz gilt für alle Arbeitnehmer, unabhängig von ihrem Alter und der Dauer ihrer Betriebszugehörigkeit. Damit unterscheidet es sich von den meisten anderen dänischen Gesetzen, die den Arbeitnehmern Schutz vor unsachlichen Kündigungen[20] nur gewähren, wenn sie ein bestimmtes Dienstalter vorweisen können. So verlangt die Anwendbarkeit des Angestelltengesetzes *(Funktionærlov*[21]) beispielsweise eine Betriebszugehörigkeit von acht Monaten, während der Kündigungsschutz nach dem Hauptab-

---

nehmern anwenden will, die schon vor dem Übergang aus dem Unternehmen ausgeschieden sind. Denn durch eine solche Ausweitung des Anwendungsbereichs würde der Schutz der Arbeitnehmer nur verbessert werden.

17 *Alsbæk* (Fn. 3), S. 140 ff.

18 Diese Ansicht hat sich in Anlehnung an den Wortlaut des Art. 3 Richtlinie 77/87/EWG (Fn. 1; heute: Art. 3 Richtlinie 2001/23/EG [Fn. 2]) durchgesetzt. Demzufolge gehen „die Rechte und Pflichten des Veräußerers aus einem zum Zeitpunkt des Übergangs bestehenden Arbeitsvertrag oder Arbeitsverhältnis aufgrund des Übergangs auf den Erwerber über."

19 EuGH 15.6. 1988 – Rs. 101/87, Slg. 1988, 3059 (Bork).

20 In Dänemark fehlt ein einheitliches Kündigungsschutzgesetz. Allerdings gilt heute für die überwiegende Mehrheit der Arbeitnehmer die Regel, dass die Kündigung nicht unbillig sein darf. Eine Kündigung ist dabei als billig oder sachlich (im dänischen wird dieser Begriff meist synonym verwendet) anzusehen, wenn sie in der Person des Arbeitnehmers oder in den Unternehmensverhältnissen begründet liegt, vgl. § 4 Abs. 3 Hauptabkommen zwischen DA und LO, woraus ein allgemeiner Grundsatz abgeleitet wird. Strittig ist jedoch in der dänischen Arbeitsrechtsliteratur, ob es sich bei dem Billigkeitserfordernis um einen allgemeingültigen Grundsatz handelt, der auf jedes Anstellungsverhältnis Anwendung findet, oder ob die Kündigung nur insoweit sachlich begründet sein muss, als dafür eine Rechtsgrundlage im Gesetz oder in einem Kollektivvertrag besteht, vgl. *Nielsen* (Fn. 10), S. 420 ff. Fest steht jedenfalls, dass nur diejenigen Arbeitnehmer vor unbilligen Kündigungen geschützt sind, die explizit von den relevanten gesetzlichen oder kollektivrechtlichen Regeln erfasst werden und die schon seit einem gewissen Zeitraum in dem Unternehmen beschäftigt gewesen sind, vgl. *Kristiansen,* grundlæggende arbejdsret, 2005, S. 339.

21 Auch der Gesetzestext des Funktionærlov (Bekendtgørelse af Lov om Retsforholdet mellem Arbejdsgivere og Funktionærer = lBK Nr. 68 vom 21.1. 2005) findet sich unter http://www.bm.dk.

kommen *(Hovedaftale*[22]) erst nach neun Monaten eingreift. Jedoch enthält § 3 Betriebsübergangsgesetz, der eine Kündigung, die aus Anlass des Betriebsübergangs erfolgt, für sachlich unbegründet erklärt, keine selbständige Anspruchsgrundlage für einen Abfindungsanspruch, so dass der Arbeitnehmer einen solchen nur dann geltend machen kann, wenn er ihn auf eine andere gesetzliche Regelung, wie etwa das Angestelltengesetz, stützt. Folglich kann das Dienstalter auch im Rahmen des Betriebsübergangsgesetzes relevant werden[23].

III. Voraussetzungen des Betriebsübergangs

Ein Betriebsübergang liegt vor, wenn ein Unternehmen oder ein Unternehmensteil auf einen neuen Inhaber übertragen wird, § 1 Abs. 1 Betriebsübergangsgesetz[24].

1. Übergang eines Unternehmens oder Unternehmensteils

a) Begriff des Unternehmens oder Unternehmensteils

Eine Definition des Begriffs „Unternehmen" findet sich weder im Betriebsübergangsgesetz von 1979 noch im entsprechenden Änderungsgesetz von 2001. Auch die Übertragung bereits existierender Legaldefinitionen anderer Gesetze schien nicht möglich, so dass der Begriff von Anfang an unter Zuhilfenahme der Richtlinie 77/187/EWG ausgelegt worden ist[25]. Danach ist unter einem Unternehmen jede auf Dauer angelegte wirtschaftliche Einheit zu verstehen, die auf stabile Weise organisiert ist; es muss sich dabei um eine strukturierte Gesamtheit von Personen und Sachen handeln, die es möglich macht, eine wirtschaftliche Tätigkeit mit eigener Zielsetzung auszuüben[26].

Auch der Begriff „Unternehmensteil" wird im Betriebsübergangsgesetz nicht näher erläutert. Auffällig ist jedoch, dass das dänische Gesetz lediglich von dem Übergang eines Unternehmens oder Unternehmensteils spricht[27] und nicht

---

22 Es ist das Hauptabkommen zwischen den Spitzenverbänden Dansk Arbejdsgiverforening (DA) und Landesorganisationen i Danmark (LO) gemeint, das für das Kündigungsschutzrecht in Dänemark eine entscheidende Rolle spielt. Der Text des Hauptabkommens (Hovedaftale) findet sich im Internet unter http://www.lo.dk.

23 *Werner/Hettens,* Virksomhedsoverdragelsesloven, 2004, Arbejdspladsens kommenterede Love, Kommentierung zu § 1 des Betriebsübergangsgesetzes unter Gliederungspunkt 1.3: lønmodtagerens alder og anciennitet.

24 § 1 Abs. 1 Betriebsübergangsgesetz lautet: „Loven finder anvendelse ved overdragelse af en virksomhed eller en del heraf der ligger inden for det område hvor traktaten om oprettelse af det europæiske finder anvendelse."

25 *Svenning,* lønmodtageres retsstilling ved virksomhedsoverdragelse, 2002, S. 76 f.

26 Vgl. EuGH 2.12. 1999 – Rs. C-234/98, Slg. 1999, I-8643 (Allen); EuGH 10.12. 1998 – Rs. C-173/96, Slg. 1996, I-8237 (Hidalgo).

27 Vgl. § 1 Abs. 1 Betriebsübergangsgesetz.

– wie Art. 1 Abs. 1 lit. a Richtlinie 2001/23/EG[28] – von dem Übergang eines Betriebs oder Betriebsteils. Im Anwendungsbereich ergeben sich dadurch allerdings keine Unterschiede. Denn der abweichende gesetzliche Wortlaut gründet allein auf dem Umstand, dass der Begriff des Betriebs im dänischen Sprachgebrauch nicht üblich ist[29]. Nach der dänischen Rechtsprechung ist deshalb für die Übertragung eines Unternehmensteils erforderlich, dass dieser in technischer, lokaler oder arbeitsmäßiger Hinsicht abgrenzbar ist, wobei es unerheblich ist, ob der übertragene Teil rechtlich selbständig ist oder nicht. Der Begriff des Betriebs ist somit von der gesetzlichen Formulierung des Unternehmensteils mit umfasst, so dass die Richtlinie auch in diesem Punkt ordnungsgemäß umgesetzt worden ist[30].

b) Wahrung der Unternehmensidentität

Dänische Gerichte bejahen einen Betriebsübergang nach § 1 Betriebsübergangsgesetz nur, wenn das Unternehmen seine Identität bewahrt[31]. Ob dies der Fall ist, beurteilt sich in Anlehnung an die Rechtsprechung des EuGH anhand einer Gesamtschau aller den betreffenden Vorgang kennzeichnenden Tatsachen[32]. Wichtige Indizien für einen Betriebsübergang sind demnach die etwaige Übertragung materieller oder immaterieller Betriebsmittel, die Ähnlichkeit der vorher und nachher verrichteten Tätigkeit, die Übernahme der Hauptbelegschaft sowie die Dauer einer eventuellen Unterbrechung der Tätigkeit[33].

Den soeben genannten Kriterien kommt, je nach Art der ausgeübten Tätigkeit und Produktions- und Betriebsmethode, eine unterschiedliche Gewichtung zu. Bei *betriebsmittelgeprägten* Tätigkeiten hängt die Wahrung der Unternehmensidentität in erster Linie davon ab, ob die wesentlichen Betriebsmittel auf den neuen Inhaber übergehen. In Branchen, in denen es hauptsächlich auf die *menschliche Arbeitskraft* ankommt, kann indes die Übernahme der Hauptbelegschaft die entscheidende Rolle für die Wahrung der Unternehmensidentität spie-

---

28 Art. 1 Abs. 1 lit. a Richtlinie 2001/23/EG (Fn. 2) lautet: „ Diese Richtlinie ist auf den Übergang von Unternehmen, Betrieben oder Unternehmens- bzw. Betriebsteilen auf einen anderen Inhaber durch vertragliche Übertragung oder durch Verschmelzung anwendbar."

29 *Alsbæk* (Fn. 3), S. 127.

30 *Alsbæk* (Fn. 3), S. 130.

31 Dies entspricht dem Erfordernis des Art. 1 Abs. 1 lit. b Richtlinie 2001/23/EG (Fn. 2), der den „Übergang einer ihre Identität bewahrenden wirtschaftlichen Einheit im Sinne einer organisierten Zusammenfassung von Ressourcen zur Verfolgung einer wirtschaftlichen Haupt- oder Nebentätigkeit" verlangt.

32 *Svenning* (Fn. 25), S. 80 f.

33 Der EuGH hat diese Kriterien das erste Mal im Spijkers-Urteil (EuGH 18.3. 1986 – Rs. 24/85, Slg. 1986, 1119) aufgestellt und in etlichen nachfolgenden Urteilen (zum Beispiel EuGH 11.3. 1997 – Rs. C-13/95, Slg. 1997, I-1259 [Süzen]) darauf verwiesen.

len[34]. So führte das Arbeitsgericht *(Arbejdsret*[35]) in einem Urteil von 1995 aus, dass es sich bei einem Reinigungsgewerbe um ein Dienstleistungsunternehmen ohne wesentliche Betriebsmittel handele, so dass es für den Tatbestand des Betriebsübergangs ausreiche, dass alle fünf Arbeitnehmer ihre Arbeit bei dem Erwerber fortsetzten[36].

Entscheidend ist jedoch immer, dass die übernommene Belegschaft beim Erwerber eine mit dem ursprünglichen Aufgabenbereich vergleichbare Tätigkeit verrichtet. Als Beispiel soll ein Fall des See- und Handelsgerichts *(Sø- og Handelsret)* dienen, bei dem zwei Autohändler das Eigentum an einem Gebäude erwarben, in dem sich bis dahin ein Volkswagenhändler befunden hatte. Die Erwerber übernahmen das Gebäude mit allem Zubehör, darunter Maschinen und Werkzeuge vom Volkswagenhändler, vertrieben selbst jedoch nur Kraftfahrzeuge der Marke Audi und NSU. Obwohl die Hälfte der Belegschaft von den Erwerbern übernommen wurde, führte das Gericht aus, dass es sich hier lediglich um die Veräußerung einer Immobilie samt Zubehör handele, da die Erwerber die übernommenen Betriebsmittel zu einem anderen Zweck einsetzten als der ursprüngliche Inhaber. Das Vorliegen eines Betriebsübergangs wurde deshalb verneint[37].

Die Fortsetzung einer mit der ursprünglichen vergleichbaren Tätigkeit reicht für sich allein allerdings ebenfalls nicht aus, um einen Betriebsübergang zu bejahen. So hatte der EuGH auf Vorlage des See- und Handelsgerichts zu entscheiden, ob ein Betriebsübergang vorliegt, wenn sich die Fortsetzung derselben Tätigkeit auf die Fertigstellung eines Auftrags beschränkt. Diese Frage stellte sich in einem Rechtsstreit zwischen Herrn *Rygaard* und der Firma *Strø Mølle,* in dem Herr *Rygaard* einen Anspruch auf Schadensersatz wegen ungerechtfertigter Entlassung nach § 2b Angestelltengesetz geltend machte.

Der EuGH entschied, dass ein Betriebsübergang im Sinne der Richtlinie 2001/23/EG nur dann angenommen werden könne, wenn es um den Übergang einer auf Dauer angelegten wirtschaftlichen Einheit geht, deren Tätigkeit nicht auf die Ausführung eines bestimmten Vorhabens beschränkt ist. Aus diesem Grund sei es für einen Betriebsübergang nicht ausreichend, wenn eine Firma mit Zustimmung des Bauherrn die von einer anderen Firma begonnenen Arbeiten

---

34 *Junker,* Grundkurs Arbeitsrecht, 7. Aufl. 2007, S. 72.

35 Bei dem in Kopenhagen ansässigen Arbejdsret handelt es sich um ein staatliches Arbeitsgericht, das für tarifrechtliche Fragen zuständig ist.

36 Vgl. *Svenning* (Fn. 25), S. 98 mit Bezug auf das Urteil des Arbeitsgerichts – AT 98/I (96.403).

37 Vgl. *Alsbæk* (Fn. 3), S. 134 mit Bezug auf das Urteil des See- und Handelsgerichts – U 75/637 SH.

fertig stellt und zu diesem Zweck zwei hierfür eingesetzte Lehrlinge und einen Angestellten sowie das hierfür verwendete Material übernimmt[38].

Ganz ähnlich hat das Westliche Landgericht in einem Fall entschieden, bei dem eine Schiffswerft einen Reparaturauftrag übernommen hatte, der dann zum Teil von einer anderen Firma ausgeführt wurde. Als diese Firma kurze Zeit später in Konkurs ging, übernahm die Schiffswerft die Arbeiten wieder selbst, wobei sie zwecks Fertigstellung vier Arbeitnehmer der sich in Konkurs befindlichen Firma übernahm. Das Gericht verneinte hier einen Betriebsübergang, da die Fertigstellung eines kleinen Auftrags für sich allein nicht ausreichen könne, um die Wahrung der Unternehmensidentität zu bejahen[39].

Daneben kann auch die Dauer einer eventuellen Unterbrechung der Tätigkeit von Bedeutung sein. Das Betriebsübergangsgesetz von 2001 ist unstreitig nicht anwendbar, wenn das Unternehmen endgültig stillgelegt ist. Umstritten war jedoch lange, ob das Unternehmen zum Zeitpunkt des Übergangs in Betrieb sein muss[40]. Diese Frage stellte sich auch im Rahmen des Rechtsstreits zwischen der *Landesorganisation i Danmark* und Frau *Hannibalsen* und wurde schließlich dem EuGH zur Vorabentscheidung vorgelegt. Im Ausgangsverfahren ging es im Wesentlichen um die Frage, ob Frau *Hannibalsen* als Eigentümerin der Gaststätte verpflichtet war, einer Angestellten Lohn nachzuzahlen. Diese Entgeltforderung war zu einer Zeit entstanden, als die Gaststätte noch an Frau *Larsen* verpachtet gewesen war. Für die Zahlungsverpflichtung von Frau *Hannibalsen* kam es deswegen entscheidend darauf an, ob die erneute Übernahme der Gasstätte durch sie als Betriebsübergang im Sinne der Richtlinie angesehen werden konnte. Streitig war dies insbesondere deshalb, weil die Gaststätte von Anfang Januar bis Ende März saisonbedingt geschlossen war und die Übernahme der Gaststätte in dieser Zeit erfolgte.

Für die Entscheidung des Arbeitsgerichts kam es deswegen darauf an, ob eine vorübergehende Schließung dazu führt, dass kein Betriebsübergang im Sinne der Richtlinie 77/187/EWG vorliegt, wenn das Unternehmen erst nach der Schließung übernommen wird. Weiter war Gegenstand der Entscheidung, ob eine andere Betrachtung erforderlich ist, wenn es um einen Saisonbetrieb geht, der regelmäßig einen Teil des Jahres geschlossen ist. Der EuGH führte hierzu aus, dass eine vorübergehende Schließung des Unternehmens nicht per se einen Übergang im Sinne der Richtlinie ausschließt. Das müsse insbesondere dann gelten, wenn es sich bei dem betreffenden Unternehmen um einen Saisonbetrieb handelt, der während der saisonbedingten Unterbrechung der Unternehmenstä-

---

38 EuGH 19.9. 1995 – Rs. C-48/94, Slg. 1995, I-2745 (Strø Mølle).

39 Vgl. *Svenning* (Fn. 25), S. 99 mit Bezug auf das unveröffentlichte Urteil des Westlichen Landgerichts vom 13.9. 1995 – VL (I 1796/93).

40 *Alsbæk* (Fn. 3), S. 135.

tigkeit übertragen wird. Eine solche Schließung habe in aller Regel nicht zur Folge, dass das Unternehmen aufhört, als wirtschaftliche Einheit zu bestehen[41]. Die dänische Rechtsprechung hat sich dieser Ansicht angeschlossen und mehrfach einen Betriebsübergang trotz vorübergehender Schließung bejaht[42]. Ein Teil der Literatur meint jedoch, dass in diesen Fällen erhöhte Anstrengungen unternommen werden müssten, um zu beweisen, dass tatsächlich ein Betriebsübergang stattgefunden hat[43].

c) Rechtsgrundlage des Betriebsübergangs

Im Gegensatz zu der deutschen Version der Richtlinie 2001/23/EG, die ihre Anwendung auf den Übergang von Betrieben durch vertragliche Übertragung und Verschmelzung beschränkt[44], zwingt der dänische Text nicht zu einer solch restriktiven Auslegung[45]. Dennoch geht aus den Bemerkungen zum dänischen Betriebsübergangsgesetz von 1979 hervor, dass die Richtlinie 77/187/EWG und somit auch das dänische Umsetzungsgesetz nur auf Übertragungen durch Rechtsgeschäft anzuwenden sind[46]. In den Vorarbeiten zum Änderungsgesetz von 2001 erkannte der Gesetzgeber jedoch an, dass auch Übertragungen kraft Gesetz in den Anwendungsbereich des Betriebsübergangsgesetzes fallen können, sofern die übertragenen Aufgaben nicht die Ausübung von Hoheitsgewalt erfordern[47]. Diese Auffassung entspricht der neueren Rechtsprechung des EuGH, nach der die Richtlinie 2001/23/EG auch auf einen Fall Anwendung finden kann, in dem ein Unternehmen kraft Verwaltungskonzession übergeht[48].

Nichtsdestotrotz stellt auch in Dänemark der Verkauf eines Unternehmens oder Unternehmensteils den typischen Anwendungsfall des Betriebsübergangsgesetzes dar. Daneben wird jedoch auch der Übergang im Rahmen eines Schenkungsvertrags und die Übertragung an eine Stiftung vom Betriebs-

---

41 EuGH 17.12. 1987 – Rs. 287/86, Slg. 1987, 5465 (Ny Mølle Kro).

42 Vgl. unter anderem das Urteil des Östlichen Landgerichts – U 83/833 ØL und das Urteil des westlichen Landgerichts – U 84/264 VL.

43 *Svenning* (Fn. 25), S. 110.

44 Vgl. Art. 1 Abs. 1 lit. a Richtlinie 2001/23/EG (Fn. 2), wonach die Richtlinie nach der deutschen Übersetzung nur auf den Betriebsübergang durch vertragliche Übertragung oder durch Verschmelzung anwendbar ist.

45 Der dänische Text lautet: „dette direktivet finder anvendelse på overførsel af en virksomhed eller bedrift eller af en del af en virksomhed eller bedrift til en anden indehaver som følge af overdragelse eller fusion."

46 *Svenning* (Fn. 25), S. 35 f.

47 *Svenning* (Fn. 25), S. 40. Gemäß Art. 1 Abs. 1 lit. c Richtlinie 2001/23/EG (Fn. 2) handelt es sich „bei der Übertragung von Aufgaben im Zuge einer Umstrukturierung von Verwaltungsbehörden oder bei der Übertragung von Verwaltungsaufgaben von einer Behörde auf eine andere nicht um einen Übergang im Sinne der Richtlinie."

48 EuGH 14.9. 2000 – Rs. C-343/98, Slg. 2000, I-6711 (Collino).

übergangsgesetz erfasst. Formelle Kriterien spielen dabei keine Rolle, so dass auch eine stillschweigende Vereinbarung für den wirksamen Übergang ausreichend sein kann. Auf Fälle der Gesamtrechtsnachfolge findet das Betriebsübergangsgesetz dagegen keine Anwendung[49].

In den ersten Jahren nach Verabschiedung des Betriebsübergangsgesetzes von 1979 bereitete vor allem die Einordnung von Pachtverträgen Schwierigkeiten. Dabei war insbesondere strittig, ob vom Gesetz auch der Fall erfasst wird, dass der Betrieb nicht unmittelbar von dem ursprünglichen Pächter auf den neuen Pächter übertragen wird. Diese Frage stellte sich auch im Rahmen eines Rechtsstreits vor dem Obersten Gericht *(Højesteret),* der schließlich dem EuGH in der Sache Daddy's Dance Hall zur Vorabentscheidung vorgelegt wurde. Der Gerichtshof entschied, dass es der Anwendung der Richtlinie 2001/23/EG nicht entgegensteht, wenn der Veräußerer und Erwerber nicht unmittelbar rechtlich miteinander verbunden sind. Vielmehr sei auch in einem solchen Fall allein entscheidend, ob die betroffene wirtschaftliche Einheit ihre Identität wahre[50]. Dementsprechend fordert auch die dänische Rechtsprechung nicht mehr, dass zwischen dem bisherigen und dem neuen Inhaber eine direkte Beziehung bestehen muss[51].

Für die Frage, ob ein Betriebsübergang im Sinne der Richtlinie 2001/23/EG vorliegt, ist die Ausgestaltung des Vertrags nicht entscheidend. Vielmehr soll es unter Umständen sogar ausreichen, dass das Unternehmen rein tatsächlich durch eine andere Person fortgeführt wird. Als Beispiel soll ein Rechtsstreit dienen, bei dem der Abnehmer A des in wirtschaftliche Schwierigkeiten geratenen Herstellers H die Bezahlung der Lieferanten und Arbeitnehmer übernommen hatte. Das Westliche Landgericht entschied, dass durch diese Bezahlung die ökonomische Verantwortung für das Unternehmen auf A übergegangen sei, mit der Folge, dass ein Betriebsübergang vorlag[52].

Im Gegensatz zu Art. 1 Abs. 1 lit. a Richtlinie 2001/23/EG nennt das dänische Betriebsübergangsgesetz nicht ausdrücklich die Verschmelzung. Trotzdem besteht Einigkeit darüber, dass das Gesetz auch auf Verschmelzungen Anwendung findet. Der dänische Gesetzgeber wollte Verschmelzungen nicht vom An-

---

49 *Werner/Hettens* (Fn. 23), Kommentierung zu § 1 des Betriebsübergangsgesetzes unter Gliederungspunkt 3.3: overdragelse i henhold til aftale.

50 EuGH 10.2. 1988 – Rs. 324/86, Slg. 1988, 739 (Daddy's Dance Hall).

51 *Alsbæk* (Fn. 3), S. 133.

52 *Werner/Hettens* (Fn. 23), Kommentierung zu § 1 des Betriebsübergangsgesetzes unter Gliederungspunkt 3.3: overdragelse i henhold til aftale mit Bezug auf das Urteil des Westlichen Landgerichts – U 1997.11 VL.

wendungsbereich ausnehmen, sondern er hatte es lediglich für überflüssig befunden, diese Form der Übertragung besonders hervorzuheben[53].

2. Übergang auf einen anderen Inhaber

Zwar geht aus dem Betriebsübergangsgesetz vom 7.6. 2001 nicht ausdrücklich hervor, dass ein Inhaberwechsel stattfinden muss, doch ergibt sich dieses Erfordernis aus Art. 1 Abs. 1 lit. a der Richtlinie 2001/23/EG. Unter Inhaber ist dabei eine natürliche oder juristische Person zu verstehen, die die rechtliche Verantwortung für das Unternehmen trägt. Dabei ist jedoch nicht der Eigentümerwechsel, sondern der Arbeitgeberwechsel das entscheidende Kriterium. Es kommt auf die Frage an, wer die Pflichten des Arbeitgebers gegenüber den Arbeitnehmern übernommen hat. Dabei kommt es insbesondere auf den Wechsel des Rechtsträgers an, so dass auch Übertragungen zwischen sich nahe stehenden Personen, zwischen Mutter- und Tochtergesellschaften sowie Unternehmen, die von der gleichen juristischen Person kontrolliert werden, von dem Betriebsübergangsgesetz erfasst werden[54].

Bei dem bloßen Erwerb von Aktien oder Gesellschaftsanteilen liegt dagegen kein Betriebsübergang im Sinne des Betriebsübergangsgesetzes vor. Denn auch wenn sich infolge dessen die Mehrheitsverhältnisse in der Gesellschaft ändern, bleibt die Gesellschaft an sich Arbeitgeberin, so dass ein Inhaberwechsel gerade nicht stattfindet[55].

IV. Informationspflicht des Arbeitgebers

Die Richtlinie 2001/23/EG sieht in Art. 7 bestimmte Informations- und Konsultationspflichten für den Arbeitgeber vor, die dieser vor dem Übergang des Unternehmens einzuhalten hat. Dementsprechend fordert § 5 Abs. 1 des Betriebsübergangsgesetzes, dass der bisherige Arbeitgeber die Arbeitnehmervertreter rechtzeitig über den Grund und den (geplanten) Zeitpunkt des Übergangs informieren muss. Daneben hat er die rechtlichen, wirtschaftlichen und sozialen Folgen des Betriebsübergangs darzustellen sowie die von ihm in Aussicht genommenen Maßnahmen darzulegen. In Unternehmen, in denen eine Arbeitnehmervertretung fehlt, hat der Veräußerer die betroffenen Arbeitnehmer direkt über die genannten Punkte zu unterrichten.

Darüber hinaus ist der bisherige Arbeitgeber verpflichtet, rechtzeitig vor dem Übergang des Unternehmens Verhandlungen über die geplanten Maßnahmen mit den Repräsentanten der Arbeitnehmer einzuleiten, um eine Vereinbarung hierüber zu erzielen. Fehlen Arbeitnehmervertreter, müssen die Verhand-

53 *Alsbæk* (Fn. 3), S. 132.
54 *Svenning* (Fn. 25), S. 34.
55 *Alsbæk* (Fn. 3), S. 131.

lungen direkt mit den betroffenen Arbeitnehmern geführt werden (§ 6 Abs. 1 Betriebsübergangsgesetz).

War der Erwerber schon vor der Übernahme selbst Unternehmensinhaber, treffen ihn die genannten Pflichten gleichermaßen in Bezug auf die in seinem Unternehmen vom Übergang betroffenen Arbeitnehmer (§§ 5 Abs. 2, 6 Abs. 2 Betriebsübergangsgesetz).

Die Information und Konsultation durch den bisherigen Arbeitgeber muss dabei so rechtzeitig vor der tatsächlichen Übernahme des Unternehmens erfolgen, dass die betroffenen Arbeitnehmer die Möglichkeit haben, sich ein vollständiges Bild über die Auswirkungen des Betriebsübergangs zu machen[56]. Ein Verstoß gegen die Pflichten aus §§ 5 und 6 des Betriebsübergangsgesetzes wird mit einem Bußgeld geahndet (§ 7 Betriebsübergangsgesetz), wobei diese Vorschrift in der Praxis aber nur selten relevant wird[57].

V. Rechtsfolgen des Betriebsübergangs

1. Zeitpunkt des Übergangs

Gemäß § 2 Abs. 1 Betriebsübergangsgesetz tritt der Erwerber unmittelbar in die Rechte und Pflichten ein, die zum Zeitpunkt des Übergangs bestehen. „Unmittelbar" bedeutet in diesem Zusammenhang, dass der Eintritt kraft Gesetz erfolgt, und zwar in dem Zeitpunkt, in dem das Unternehmen auf den Erwerber übergeht.[58]

Fraglich ist jedoch, wann genau sich der Betriebsübergang vollzieht: bereits mit dem Abschluss des Verpflichtungsgeschäfts oder erst mit der tatsächlichen Übernahme durch den neuen Inhaber. Um Zweifelsfragen auszuräumen, hat der dänische Gesetzgeber im Änderungsgesetz von 2001 eine sprachliche Präzisierung vorgenommen, indem er den Begriff „Übertragungszeitpunkt" durch „Übernahmezeitpunkt" ersetzt hat (§ 2 Abs. 1 Betriebsübergangsgesetz). An der Rechtspraxis hat sich dadurch aber nichts geändert. Denn schon vor Verabschiedung des Änderungsgesetzes ist die dänische Literatur und Rechtsprechung übereinstimmend davon ausgegangen, dass der Betriebsübergang zu dem Zeitpunkt erfolgt, in dem der Erwerber das Unternehmen tatsächlich übernimmt.[59]

a) Eintritt in die Rechte und Pflichten aus dem Arbeitsverhältnis

Der Erwerber tritt nur in die Rechte und Pflichten aus dem Arbeitsverhältnis ein, die sich zur Zeit des Übergangs aus individuell vereinbarten Lohn- und Arbeits-

---

56 *Svenning* (Fn. 25), S. 285.
57 *Svenning* (Fn. 25), S. 287.
58 *Svenning* (Fn. 25), S. 159 f.; *Alsbæk* (Fn. 3), S. 145 f.
59 *Svenning* (Fn. 25), S. 68 f.

bedingungen, kollektiven Vereinbarungen sowie öffentlich festgesetzten Gehalts- und Arbeitsbestimmungen ergeben[60] (§ 2 Abs. 1 Nr. 1-3 Betriebsübergangsgesetz[61]). Wie bereits ausgeführt, beschränkt sich seine Verpflichtung auf die Arbeitsverhältnisse, die zum Zeitpunkt des Betriebsübergangs bestehen. Zudem sind spezielle Pensionsvereinbarungen zwischen dem Veräußerer und dem Arbeitnehmer in Bezug auf Alter, Invalidität und Ansprüche von Hinterbliebenen vom Anwendungsbereich des Gesetzes ausgenommen (§ 2 Abs. 3 Betriebsübergangsgesetz).

aa) Individuell vereinbarte Arbeitsbedingungen

Der Erwerber tritt in die individuell vereinbarten Arbeitsbedingungen ein (§ 2 Abs. 1 Nr. 3 Betriebsübergangsgesetz), unabhängig davon, ob diese bereits bei Abschluss des Arbeitsvertrags bestanden oder erst später zwischen den Parteien vereinbart wurden[62]. So behält ein Arbeitnehmer etwa sein Dienstalter bei und auch Probezeiten, die beim Veräußerer abgeleistet wurden, sind anzurechnen. Weiter bleiben auch Zusatzvereinbarungen, wie beispielsweise kostenlos zur Verfügung gestellte Wohnungen und Dienstwagen, vom Betriebsübergang unberührt[63]. Außervertragliche Rechte und Pflichten und solche, die nur eine mittelbare Folge des Arbeitsvertrags darstellen, wie etwa die Haftung des Arbeitgebers für Arbeitsunfälle, die auf unverantwortliche Verhältnisse am Arbeitsplatz des Veräußerers zurückgehen, werden dagegen nicht von § 2 Abs. 1 Nr. 3 Betriebsübergangsgesetz erfasst[64].

---

60 Auf den ersten Blick ist nicht ganz klar, was mit öffentlich festgesetzten Lohn- und Arbeitsbedingungen gemeint ist, doch scheint es nahe liegend, dass § 2 Abs. 1 Nr. 2 Betriebsübergangsgesetz die Rechtsstellung von Beamten im Auge hat, vgl. *Werner/Hettens* (Fn. 23), Kommentierung zu § 2 des Betriebsübergangsgesetzes unter Gliederungspunkt 7: Bestemmelser om løn og arbejdsforhold, der er fastsat eller godkendt af en offentlig myndighet. Im Einzelnen ist hier vieles umstritten, doch würde eine genaue Darstellung dieser Problematik den Umfang dieses Beitrags sprengen.

61 Der genaue Gesetzeswortlaut des § 2 Abs. 1 Betriebsübergangsgesetz lautet: „Wird ein Unternehmen oder ein Unternehmensteil übertragen, tritt der Erwerber unmittelbar in die Rechte und Pflichten ein, die zum Übernahmezeitpunkt bestanden im Hinblick auf
1. Kollektive Vereinbarungen
2. Bestimmungen über Gehalts- und Arbeitsverhältnisse, die von einer öffentlichen Stelle festgesetzt oder anerkannt wurden und
3. Individuelle Gehalts- und Arbeitsvereinbarungen."

62 Beachte jedoch § 2 Abs. 2 Betriebsübergangsgesetz, wonach das Betriebsübergangsgesetz nur dann auf Lehrlinge und Auszubildende Anwendung findet, wenn das Unternehmen auch nach dem Übergang als Lehr- und Ausbildungsstelle anerkannt ist.

63 *Svenning* (Fn. 25), S. 198 ff.

64 *Svenning* (Fn. 25), S. 205.

bb) Kollektive Vereinbarungen

Gemäß § 2 Abs. 1 Nr. 1 Betriebsübergangsgesetz tritt der Erwerber unmittelbar in die Rechte und Pflichten aus dem Arbeitsverhältnis ein, die sich zur Zeit des Übergangs aus kollektiven Vereinbarungen ergeben. Die durch die Vorschrift in Bezug genommenen kollektiven Vereinbarungen können Rechtsnormen aus Tarifverträgen, Betriebsvereinbarungen, lokalen Abkommen und Betriebsübungen sein[65].

Lange Zeit war jedoch strittig, wie die Formulierung „tritt ... unmittelbar in die Rechte und Pflichten .... ein" zu verstehen ist. Die Formulierung legt den Schluss nahe, dass der Erwerber mit der tatsächlichen Übernahme des Unternehmens automatisch als Tarifpartner in die bestehenden kollektiven Vereinbarungen eintritt. Art. 3 Abs. 3 der Richtlinie 2001/23/EG bezweckt dagegen nur den Schutz der einzelnen Arbeitnehmer und nicht den der Verbände, so dass sich die Frage stellt, ob der Anwendungsbereich des Betriebsübergangsgesetzes insoweit über den der Richtlinie 2001/23/EG hinausgeht[66].

Zunächst war es ständige Rechtsprechung[67] in Dänemark, dass der Erwerber mit dem Übergang des Unternehmens unmittelbar in die bestehenden Tarifverträge eintritt. Diese Praxis änderte sich erst mit dem Prosa-Urteil[68] im Jahr 1991, bei dem das Arbeitsgericht ausführte, dass der Erwerber nicht automatisch mit der tatsächlichen Übernahme des Unternehmens Partei der geltenden Tarifverträge wird. Vielmehr sei die Frage des Eintritts nach allgemeinen arbeitsrechtlichen Regeln zu beurteilen mit der Folge, dass der Erwerber nur dann in die Tarifverträge eintritt, wenn er seinen entgegenstehenden Willen nicht innerhalb einer angemessenen Frist zum Ausdruck bringt[69].

Mit der Änderung des Betriebsübergangsgesetzes im Jahr 2001 wurde diese Rechtsauffassung gesetzlich festgeschrieben. Sind die Arbeitnehmer oder ein Teil der Arbeitnehmer des übernommenen Unternehmens von dem Geltungsbereich einer kollektiven Vereinbarung erfasst, muss der Erwerber der betreffenden Gewerkschaft Mitteilung davon machen, wenn er der Vereinbarung nicht beitreten möchte. Diese Unterrichtung muss er innerhalb von fünf Wochen vornehmen, nachdem er von der Tarifgebundenheit Kenntnis erlangt hat oder hätte erlangen müssen, frühestens jedoch drei Wochen nach der tatsächlichen Über-

---

65 *Svenning* (Fn. 25), S. 186.

66 *Svenning* (Fn. 25), S. 182.

67 Vgl. *Svenning* (Fn. 25), S. 183 mit Bezug auf die folgenden Urteile des Arbeitsgerichts: AT 81/105; AT 81/146; AT 84/147; AT 85/25; AT 85/30; AT 87/121; AT 88/98; AT 90/79; AT 91/36; AT 91/43.

68 AT 91/78 (90 328).

69 Vgl. *Svenning* (Fn. 25), S. 183 mit Bezug auf das Urteil des Arbeitsgerichts – AT 91/78 (90.328).

nahme des Unternehmens (§ 4a Abs. 1 Satz 1 Betriebsübergangsgesetz). Kommt der neue Inhaber dieser Obliegenheit nicht nach, wird er so behandelt, als ob er der kollektiven Vereinbarung beigetreten wäre (§ 4a Abs. 1 Satz 2 Betriebsübergangsgesetz).

Tritt der Erwerber mit der Übernahme des Unternehmens in den dort geltenden Tarifvertrag ein, obwohl er bereits an einen anderen Tarifvertrag gebunden ist, muss er grundsätzlich beide Tarifverträge beachten. Die genaue Ausgestaltung der Verpflichtung hängt dabei insbesondere davon ab, ob das bestehende und das übernommene Unternehmen zusammengelegt werden oder als selbständige Einheiten bestehen bleiben. Findet keine Zusammenlegung statt, sind in beiden Unternehmen jeweils ausschließlich die bisher geltenden Tarifverträge anzuwenden. Im Falle der Zusammenlegung besteht für die Arbeitnehmer ein Wahlrecht, das es ihnen erlaubt, den für sie insgesamt günstigeren Tarifvertrag zu wählen[70]. Tritt der Erwerber des Unternehmens dagegen nicht in den geltenden Tarifvertrag ein, werden die dort geregelten Arbeits- und Lohnbedingungen Inhalt des Arbeitsverhältnisses zwischen dem neuen Inhaber und dem Arbeitnehmer. Die obligatorischen Bestimmungen des Tarifvertrags, wie etwa die Friedenspflicht oder die Pflicht, sich Schieds- und Schlichtungsverfahren zu unterwerfen, finden dagegen keine Anwendung[71].

Ist der neue Arbeitgeber nicht Partei des Tarifvertrags geworden, kann er die Arbeitsbedingungen zum Nachteil der Arbeitnehmer und abweichend vom Tarifvertrag erst ändern, wenn der betreffende Tarifvertrag abgelaufen, gekündigt oder durch einen neuen Tarifvertrag ersetzt worden ist. Eine zeitliche Begrenzung dieser Rechte, wie nach Art. 3 Abs. 3 Satz 2 Richtlinie 2001/23/EG möglich, sieht das Betriebsübergangsgesetz dagegen nicht vor. Diese Rechte und Pflichten fallen nicht automatisch und ohne Einhaltung einer Kündigungsfrist weg, sobald der Tarifvertrag ausgelaufen ist. Vielmehr ist nach den übrigen gesetzlichen und kollektivvertraglichen Regeln zu entscheiden, ob und unter Einhaltung welcher Frist, die bisher geltenden Arbeitsbedingungen abgeändert werden können[72].

Soweit die Regelungen aus dem bisher geltenden Tarifvertrag Inhalt des neuen Arbeitsverhältnisses werden und der Erwerber bereits durch einen Tarifvertrag gebunden ist, können sich die übernommenen Arbeitnehmer zusätzlich auf die Rechte aus diesem Tarifvertrag berufen. Das gilt jedoch nur insoweit, als

70 *Werner/Hettens* (Fn. 23), Kommentierung zu § 2 des Betriebsübergangsgesetzes unter Gliederungspunkt 6.4: Erhverver omfattet af en overenskomst.

71 *Werner/Hettens* (Fn. 23), Kommentierung zu § 2 des Betriebsübergangsgesetzes unter Gliederungspunkt 6.3: Erhverver ikke omfattet af en overenskomst.

72 *Svenning* (Fn. 25), S. 187 f.

sie von dessen Geltungsbereich in fachlicher, betrieblicher, räumlicher, persönlicher und zeitlicher Hinsicht erfasst werden[73].

b) Änderung von Arbeitsbedingungen

Grundsätzlich folgt aus der Formulierung des § 2 Abs. 1 Betriebsübergangsgesetz, dass das Arbeitsverhältnis zu genau den gleichen Arbeitsbedingungen fortgesetzt werden muss wie vor dem Übergang. Die Vorschrift stellt zwingendes Recht dar[74], sodass der neue Inhaber die bestehenden Arbeitsbedingungen nicht einseitig abändern kann. Fraglich ist jedoch, ob ein Arbeitnehmer freiwillig auf Rechte verzichten kann, die ihm aufgrund der Richtlinie 77/187/EWG zustehen. Diese Frage stellte sich auch in einem Rechtsstreit zwischen Herrn *Tellerup* und der Firma *Daddy's Dance Hall* und wurde schließlich dem EuGH zur Vorabentscheidung vorgelegt.

Im Ausgangsverfahren ging es im Wesentlichen um die Frage, auf welche Kündigungsfrist sich Herr *Tellerup* berufen konnte: auf die dreimonatige Kündigungsfrist, die kraft Gesetz für Angestellte in seinem Dienstalter gilt[75], oder auf eine bloß 14-tägige Kündigungsfrist während der Probezeit, die auf Wunsch von Herrn *Tellerup* vereinbart wurde. Entscheidungserheblich war also, ob ein Arbeitnehmer beim Abschluss eines Vertrags mit dem Erwerber auf die bisherige Anrechnung seines Dienstalters verzichten kann oder ob die Vorschriften der Richtlinie 2001/23/EG einer solchen Vereinbarung entgegenstehen. Nach Ansicht des dänischen Gerichts hing die Entscheidung von einer Auslegung der Richtlinie 77/187/EWG ab.

Der EuGH[76] entschied daraufhin, dass ein Arbeitnehmer selbst dann nicht auf Rechte aus der Richtlinie 77/187/EWG verzichten kann, wenn er im Zusammenhang damit solche Vorteile erhält, dass er insgesamt nicht schlechter gestellt ist als vorher. Auf der anderen Seite betonte der Gerichtshof aber, dass nachträgliche Abänderungen des Arbeitsverhältnisses möglich bleiben, wenn eine solche Vereinbarung nach nationalem Recht unabhängig vom Fall des Betriebsübergangs zulässig ist.

Im vorliegenden Fall verstieß die Vereinbarung einer neuen Probezeit jedoch gegen § 2 Abs. 8 Angestelltengesetz[77], der zwingendes nationales Recht

73 *Svenning* (Fn. 25), S. 190.

74 *Werner/Hettens* (Fn. 23), Kommentierung zu § 2 des Betriebsübergangsgesetzes unter Gliederungspunkt 2.1: Præceptiv lov.

75 Gemäß § 2 Abs. 2 Nr. 2 Angestelltengesetz gilt für Angestellte, die seit sechs Monaten ununterbrochen in dem gleichen Unternehmen beschäftigt sind, eine Kündigungsfrist von drei Monaten.

76 Vgl. EuGH 10.2. 1988 – Rs. 324/86 (Fn. 50), 739 (Daddy's Dance Hall).

77 Diese Vorschrift besagt, dass bei einem Betriebsübergang das bisherige Dienstalter angerechnet werden muss.

darstellt (§ 21 Abs. 1 Angestelltengesetz[78]), so dass Herr *Tellerup* sich auf die dreimonatige Kündigungsfrist (§ 2 Abs. 2 Nr. 2 Angestelltengesetz) berufen konnte.

Abgesehen von den vom EuGH aufgestellten Grenzen steht das Betriebsübergangsgesetz einer nachträglichen Abänderung des Arbeitsverhältnisses nicht entgegen. Insofern eine Einigung über nachträgliche Abänderungen zwischen den Parteien nicht erzielt werden kann und dem Arbeitnehmer daraufhin gekündigt wird, bleibt diesem nur die Möglichkeit einer Klage gegen eine unsachliche Kündigung[79].

c) Widerspruchsrecht des Arbeitnehmers

Das Betriebsübergangsgesetz sieht grundsätzlich kein dem deutschen Recht (§ 613a Abs. 6 BGB) vergleichbares Widerspruchsrecht des Arbeitnehmers vor, so dass der Erwerber die Erfüllung des Arbeitsvertrags durch die Arbeitnehmer verlangen kann[80]. Das gilt jedoch nur, wenn mit dem Übergang keine wesentlichen Veränderungen der Arbeitsbedingungen zum Nachteil des Arbeitnehmers verbunden sind[81]. In diesem Fall kann der Arbeitnehmer erklären, dass er die veränderten Arbeitsbedingungen nicht akzeptieren werde. Hat er dies getan, kann der Erwerber dem Arbeitnehmer kündigen oder der Arbeitnehmer beschließt selbst, das Arbeitsverhältnis zu beenden[82]. In beiden Fällen gilt die Beendigung des Arbeitsverhältnisses als arbeitgeberseitige Kündigung (§ 3 Abs. 2 Betriebsübergangsgesetz) mit der Folge, dass der Arbeitnehmer Schadensersatz

---

78 Gemäß § 21 Abs. 1 Angestelltengesetz stellt § 2 Abs. 8 Angestelltengesetz zwingendes Recht dar.

79 *Svenning* (Fn. 25), S. 165 f.

80 Es ist umstritten, inwieweit diese Gesetzeslage mit der Rechtsprechung des EuGH 16.12. 1992 – Rs. C-132/91, Slg. 1992, I-6577 (Katsikas) vereinbar ist, vgl. *Alsbæk* (Fn. 3), S. 148 f.

81 Fraglich ist, was unter einer wesentlichen Änderung der Arbeitsbedingungen zu verstehen ist. Denn soweit das Direktionsrecht des Arbeitgebers reicht, hat der Arbeitnehmer Anpassungen arbeitsvertraglich zu dulden. Ob eine wesentliche Änderung vorliegt, hängt deshalb immer von den konkreten Umständen des Einzelfalls ab. So wird sowohl dem Inhalt des individuellen Arbeitsvertrags als auch der faktischen Ausgestaltung des Arbeitsverhältnisses Bedeutung beigemessen. Auch die Rechtsprechung ist in diesem Bereich sehr einzelfallbezogen. Dennoch lassen sich generelle Sätze aufstellen. So ist zum Beispiel das Zuweisen einer Tätigkeit, die einer anderen tariflichen Einordnung unterliegt, nicht vom Direktionsrecht des Arbeitgebers gedeckt. Auch eine Abänderung des Arbeitsentgelts zu Lasten des Arbeitnehmers stellt eine wesentliche Änderung der Arbeitsbedingungen dar, die somit den allgemeinen kündigungsschutzrechtlichen Regelungen unterliegt. Es muss zudem als allgemeiner Grundsatz gelten, dass eine Änderung der Arbeitsbedingungen, die eine wesentlich mühsamere, intensivere oder völlig andere Arbeit mit sich bringt, außerhalb des Direktionsrecht liegt, vgl. *Hansen* (Fn. 11), S. 52.

82 *Svenning* (Fn. 25), S. 233.

nach § 3 Abs. 1 Betriebsübergangsgesetz in Verbindung mit den Vorschriften des allgemeinen Kündigungsschutzes verlangen kann, wenn die wesentlichen Änderungen der Arbeitsbedingungen nicht durch betriebliche, technische oder wirtschaftliche Gründe gerechtfertigt sind[83].

Der Arbeitnehmer muss jedoch bei arbeitnehmerseitiger Kündigung beweisen, dass sich die Arbeitsbedingungen wesentlich zu seinem Nachteil verändert haben. Gelingt ihm dieser Beweis nicht, verliert er nicht nur seinen eigenen Erstattungsanspruch, sondern setzt sich sogar der Gefahr aus, dass der Arbeitgeber seinerseits Schadensersatz[84] wegen Verletzung des Arbeitsvertrags geltend macht[85]. Die Beweislast für das Vorliegen eines sachlichen Grundes im Sinne des § 3 Abs. 1 Betriebsübergangsgesetz trägt dagegen der Arbeitgeber.

2. Kündigungsschutz

Die Beendigung des Arbeitsverhältnisses durch den Arbeitgeber galt in Dänemark lange als wesentlicher Bestandteil des kollektivvertraglich anerkannten Weisungsrechts[86]. Allerdings wurde die Kündigungsfreiheit im Laufe der Jahre durch Kollektivverträge und gesetzliche Regelungen schrittweise eingeschränkt[87]. So gilt heute für die überwiegende Mehrheit der Arbeitnehmer die Regel, dass die Kündigung nicht unbillig sein darf[88].

In Übereinstimmung mit Art. 4 Abs. 1 Satz 1 Richtlinie 2001/23/EG legt § 3 Abs. 1 Betriebsübergangsgesetz fest, dass der Übergang eines Unternehmens oder Unternehmensteils als solcher keinen Kündigungsgrund darstellt. Eine Kündigung aus wirtschaftlichen, technischen oder organisatorischen Gründen

---

83 Gemäß § 3 Abs. 1 Betriebsübergangsgesetz ist eine Kündigung, die aufgrund des Betriebsübergangs erfolgt, nicht sachlich begründet, es sei denn, sie ist aus wirtschaftlichen, technischen oder organisatorischen Gründen erfolgt. Die Vorschrift enthält aber keine eigene Anspruchsgrundlage, so dass ein Wiedereinstellungsanspruch oder Schadensersatzanspruch nur auf Vorschriften des allgemeinen Kündigungsschutzes wie etwa § 2b Angestelltengesetz oder § 4 Abs. 3 Hauptabkommen gestützt werden kann.

84 Bei einer groben Verletzung oder Nichterfüllung des Arbeitsvertrags (grov misligholdelse) durch den Arbeitnehmer kann der Arbeitgeber von dem Vertrag zurücktreten und gegebenenfalls Entschädigung nach § 4 Angestelltengesetz verlangen, vgl. *Nielsen* (Fn. 10), S. 398 f.

85 *Svenning* (Fn. 25), S. 233.

86 Zu Beginn der Industrialisierung galt das Prinzip der Vertragsfreiheit praktisch uneingeschränkt. Kündigungsschützende Normen bestanden zu diesem Zeitpunkt nicht. Vgl. *Hansen* (Fn. 11), S. 20.

87 Für Arbeitnehmer, die vom Hauptabkommen zwischen DA und LO erfasst sind, ergibt sich das Billigkeitserfordernis aus § 4 Abs. 3 des Hauptabkommens, für Angestellte aus § 2b Angestelltengesetz. Zudem werden im Rahmen des besonderen Kündigungsschutzes einzelne Gründe per se für unbillig erklärt, wie etwa die Kündigung einer Schwangeren nach § 9 Abs. 1 Gleichstellungsgesetz.

88 *Köhler*, Zeitschrift für europäisches Sozial- und Arbeitsrecht (ZESAR) 2007, 69.

bleibt dagegen möglich, auch wenn sie im zeitlichen Zusammenhang mit dem Betriebsübergang erfolgt (§ 3 Abs. 1 Betriebsübergangsgesetz). Dabei trifft jedoch den Arbeitgeber die Obliegenheit zu beweisen, dass die Kündigung aus den genannten Gründen gerechtfertigt ist[89].

Steht fest, dass die Kündigung aufgrund des Betriebsübergangs rechtsunwirksam ist, stellt sich die Frage, welche Rechtsbehelfe dem Arbeitnehmer zur Verfügung stehen.

Das Betriebsübergangsgesetz selbst regelt nicht, welche Rechtsfolge der Verstoß gegen § 3 Abs. 1 Betriebsübergangsgesetz hat, so dass insoweit auf die allgemeinen Kündigungsschutzregeln zurückgegriffen werden muss[90]. In Dänemark gibt es jedoch kein einheitliches Kündigungsschutzgesetz, so dass die Rechtsfolgen einer unwirksamen Kündigung variieren können, je nachdem, welche gesetzlichen oder (kollektiv-) vertraglichen Regelungen im Einzelfall zur Anwendung kommen.

Eine in diesem Zusammenhang wichtige Vereinbarung ist das Hauptabkommen zwischen den Spitzenverbänden *Dansk Arbejdsgiverforening (DA)* und der *Landsorganisationen i Danmark (LO),* das für den weitaus größten Teil der Arbeitnehmer gilt[91]. Im Geltungsbereich des Hauptabkommens ist eine Bestandserhaltung im Sinne einer Aufhebung der unsachlichen Kündigung möglich, wenn der Kläger dies beantragt. Hat das Verhältnis zwischen Arbeitgeber und Arbeitnehmer jedoch ernsthaft Schaden erlitten, kommt eine Wiederanstellung nicht in Betracht und der Arbeitgeber wird stattdessen zu einer Abfindungszahlung verurteilt. Die Abfindungshöhe hängt von den Umständen des Einzelfalls und der Dauer des Arbeitsverhältnisses ab, darf aber den Lohn von 52 Wochen nicht übersteigen (§ 4 Abs. 3 Hauptabkommen).

Ein gesetzlicher Kündigungsschutz wird dagegen nur Angestellten sowie Sondergruppen im Rahmen des besonderen Kündigungsschutzes[92] gewährt.

Das Angestelltengesetz sieht bei unsachlichen Kündigungen in § 2b eine Abfindungszahlung für Arbeitnehmer vor, die seit mindestens einem Jahr in dem Unternehmen beschäftigt gewesen sind, wobei sich auch hier die Höhe der Abfindung nach den Umständen des Einzelfalls und der Dauer des Angestelltenverhältnisses richtet. Eine Wiedereinstellung des Angestellten kommt im Rah-

---

89 *Svenning* (Fn. 25), S. 229.

90 *Svenning* (Fn. 25), S. 224.

91 „Landesorganisationen" ist der Dachverband für 19 Gewerkschaften und repräsentiert 1,4 Millionen Mitglieder (Stand 12/2004), vgl. *Hansen* (Fn. 11), S. 71 Fn. 3.

92 So genießen beispielsweise Schwangere, Eltern im Erziehungsurlaub, Arbeitnehmervertreter etc. besonderen Kündigungsschutz, der in den entsprechenden Spezialgesetzen geregelt ist.

men des Angestelltengesetzes nicht in Betracht[93]. Kündigungen, die gegen Vorschriften des besonderen Kündigungsschutzes verstoßen, werden in den entsprechenden Spezialgesetzen sanktioniert[94].

Kann sich ein Arbeitnehmer weder auf gesetzliche noch auf (kollektiv-) vertragliche Kündigungsschutzregeln berufen, ist er auch nicht vor einer unsachlichen Kündigung im Sinne des § 3 Abs. 1 Betriebsübergangsgesetz geschützt[95]. Dänemark hat somit von der in Art. 4 Abs. 2 Satz 2 Richtlinie 2001/23/EG vorgesehenen Möglichkeit Gebrauch gemacht, Arbeitnehmer, die nach nationalem Recht keinen Kündigungsschutz genießen, aus dem Anwendungsbereich des Betriebsübergangsgesetzes auszunehmen[96].

3. Haftungseintritt des Erwerbers

Einigkeit besteht heute darüber, dass der Erwerber für alle Forderungen aus dem betreffenden Arbeitsverhältnis einzustehen hat, unabhängig davon, ob sie vor oder nach dem Betriebsübergang entstanden sind[97]. Eine solidarische Haftung des Veräußerers, zu der Art. 3 Abs. 1 Satz 2 Richtlinie 2001/23/EG die Möglichkeit gibt, ist nach dem Betriebsübergangsgesetz nicht vorgesehen, so dass dieser von seiner Haftung gegenüber den Arbeitnehmern in dem Moment frei wird, in dem der neue Inhaber das Unternehmen tatsächlich übernimmt[98].

Fraglich ist jedoch, ob der Erwerber beim Veräußerer Rückgriff nehmen kann, wenn er für Forderungen haften muss, die vor dem Übergang entstanden sind. Eine ausdrückliche Regelung hierzu enthält das Betriebsübergangsgesetz nicht. Vielmehr hilft hier der allgemeine Rechtsgrundsatz weiter, dass der ehe-

---

93 *Nielsen* (Fn. 10), S. 414.

94 So ist bei einer schwangerschaftsbedingten Kündigung gemäß § 16 Abs. 1 Gleichstellungsgesetz (Ligebehandlingslov*)* eine Bestandserhaltung im Sinne einer Aufhebung der Kündigung möglich, sofern nicht eine Interessenabwägung ergibt, dass es unbillig ist, das Arbeitsverhältnis fortzusetzen oder wiederherzustellen. In einem solchen Fall steht der Betroffenen ein Abfindungsanspruch zu.

95 *Svenning* (Fn. 25), S. 224.

96 In der dänischen Literatur werden Stimmen laut, die bezweifeln, dass die geltende Gesetzeslage mit dem europarechtlichen Effektivitätsgrundsatz vereinbar ist, vgl. *Svenning* (Fn. 25), S. 225. Doch eröffnet die Richtlinie 2001/23/EG (Fn. 2) den Mitgliedstaaten ausdrücklich die Möglichkeit, Arbeitnehmer, die nach nationalen Regeln keinen Kündigungsschutz genießen, vom Anwendungsbereich des Betriebsübergangsgesetzes auszunehmen. Aus diesem Grund liegt hier wohl kein Verstoß gegen das Europarecht vor. Vgl. ausführlich zu dieser Problematik *Alsbæk* (Fn. 3), S. 154 ff.

97 *Svenning* (Fn. 25), S. 128 ff.

98 *Svenning* (Fn. 25), S. 132.

malige Inhaber grundsätzlich für alte Verbindlichkeiten einstehen muss[99]. Den Parteien steht es allerdings frei, eine von diesem Grundsatz abweichende Vereinbarung über die Haftungsverteilung zu treffen[100].

Die grundsätzliche Haftung des ehemaligen Inhabers für alte Verbindlichkeiten greift zudem nur, wenn sich der Erwerber ausreichend über die Unternehmenssituation informiert hat. Ist er dieser Obliegenheit nicht nachgekommen, kann er sich später nicht auf einen Rückerstattungsanspruch gegenüber dem Veräußerer berufen. Denn der Erwerber soll keine Vorteile dadurch erlangen, sich im Vorfeld nicht hinreichend informiert zu haben[101].

4. Rechtsstellung der Arbeitnehmervertreter

Die Rechtsstellung von Arbeitnehmervertretern wird durch den Betriebsübergang grundsätzlich nicht berührt (§ 4 Abs. 1 Betriebsübergangsgesetz). Dies gilt jedoch nur, wenn auch nach der Übernahme des Unternehmens die Voraussetzungen für die Bildung von Vertretungsorganen gegeben sind. Insofern der Inhaberwechsel zu einem Absinken der Arbeitnehmerzahlen unter den erforderlichen Schwellenwert[102] führt oder Neuwahlen erforderlich macht, endet das Mandat der Arbeitnehmervertreter mit dem Übergang des Unternehmens[103]. Die betroffenen Arbeitnehmervertreter können sich in diesem Fall aber weiterhin für einen Zeitraum, der der (kollektiv-) vertraglich vereinbarten Kündigungsfrist entspricht, auf die besonderen Kündigungsschutzvorschriften für Mitglieder von Vertretungsinstanzen berufen (§ 4 Abs. 2 Betriebsübergangsgesetz)[104].

---

99 Dieser Rechtsgrundsatz geht auf die Erwägung zurück, dass sich der Veräußerer nicht auf Kosten des Erwerbers bereichern darf, wenn sich dafür keine Grundlage in dem Vertrag findet, vgl. *Svenning* (Fn. 25), S. 136.

100 *Svenning* (Fn. 25), S. 134.

101 *Svenning* (Fn. 25), S. 136 f.

102 In Dänemark gibt es keine Betriebsräte, doch werden in vielen Unternehmen aufgrund von kollektiven Vereinbarungen Vertrauenspersonen gewählt, die die Interessen der Arbeitnehmer gegenüber der Geschäftsführung repräsentieren. Vorausgesetzt wird dabei immer, dass eine gewisse Mindestanzahl von Arbeitnehmern in dem Unternehmen (üblicherweise fünf oder sechs, abhängig von der geltenden kollektiven Vereinbarung) beschäftigt wird. Hierbei ist auf die Gesamtzahl der Arbeitnehmer abzustellen, nicht lediglich auf diejenigen, die in Gewerkschaften organisiert sind, vgl. *Nielsen* (Fn. 10), S. 202.

103 *Svenning* (Fn. 25), S. 251.

104 Üblicherweise enthalten die kollektivrechtlichen Übereinkommen Regeln, die den Vertrauenspersonen einen besonderen Kündigungsschutz zukommen lassen, so dass eine Kündigung nur aus zwingenden Gründen zulässig ist, vgl. *Kristiansen* (Fn. 20), S. 144.

VI. Fazit

Die schnelle Umsetzung der Betriebsübergangs-Richtlinie 77/187/EWG ins dänische Recht führte zu einigen Ungenauigkeiten im Gesetzestext, die Anlass zu Zweifelsfragen gegeben haben. Diese konnten jedoch im Laufe der Zeit durch Vorlagen an den EuGH zur Vorabentscheidung und eine Vielzahl nationaler Gerichtsentscheidungen weitgehend ausgeräumt werden. Das auffällig starke Bemühen auf dänischer Seite zu einer richtlinienkonformen Auslegung des Betriebsübergangsgesetzes hat dazu geführt, dass heute nahezu keine Divergenzen mehr zwischen den Vorgaben des EuGH und dem dänischen Recht bestehen[105].

105 Fraglich ist allein, ob die Verpflichtung des Arbeitnehmers, das Arbeitsverhältnis mit dem Erwerber fortzusetzen, mit der Rechtssprechung des EuGH (vgl. EuGH 16.12. 1992 – Rs. C-132/91, 138/91 und 139/91 [Fn. 80] [Katsikas]) vereinbar ist. Denn der Gerichtshof hat entschieden, dass Art. 3 Abs. 1 Richtlinie 2001/23/EG (Fn. 2) es einem Arbeitnehmer nicht verwehrt, dem Übergang seines Arbeitsvertrags oder seines Arbeitsverhältnisses zu widersprechen. Der EuGH überlässt es aber ausdrücklich den Mitgliedstaaten zu bestimmen, was in einem solchen Fall mit dem Arbeitsvertrag oder dem Arbeitsverhältnis mit dem Veräußerer geschieht.

Der Betriebsübergang *(transfer of undertakings)* im englischen Arbeitsrecht

von *Manuela Rauch,* München*

I. Einleitung

Würde in Großbritannien auch heute noch uneingeschränkt englisches *Common Law* gelten, hätte man die Folgen eines Betriebsübergangs schnell zusammengefasst: Der Arbeitsvertrag ist ein persönliches Vertragsverhältnis zwischen Arbeitnehmer und Arbeitgeber; endet das Arbeitsverhältnis, so kann auch der Vertrag nicht fortbestehen. Beim Verkauf eines Betriebes hätte demnach der Erwerber die Wahl, ob er die Arbeitnehmer weiterbeschäftigen möchte, und den Arbeitnehmern stünde es frei, fortan für den Käufer zu arbeiten[1]. An einen automatischen Übergang der Arbeitsverhältnisse wäre nicht zu denken[2].

Diese Bewertung gründete auf der Idee, Verpflichtungen aus einem Vertrag bestehen nur zwischen den Parteien eines solchen; auf Dritte können Rechte oder Pflichten nicht übertragen werden. Die Arbeitnehmer sahen sich dabei allerdings der Gefahr ausgesetzt, dass bei einem Wechsel des Betriebsinhabers ihre Arbeitsverhältnisse entschädigungslos endeten und selbst wenn sie übernommen wurden, ihre vorherige Beschäftigungszeit nicht mehr zählte. Dies brachte eine gravierende Unsicherheit mit sich. Für den Erwerber eines Betriebes dagegen bedeutete es einen enormen Vorteil: Er selbst konnte festlegen, wen er übernehmen wollte oder ob er die Belegschaft mit einer anderen austauschte, die zu schlechteren Bedingungen für ihn arbeitete[3].

Dieses Recht herrschte noch weit bis in die zweite Hälfte des 20. Jahrhunderts hinein. Auch erste Gesetze[4], die eine Weiterbeschäftigung der Arbeitnehmer im Fall eines Eigentümerwechsels statuierten, konnten daran zunächst nicht wirklich etwas ändern. Zu viele Unklarheiten verhinderten eine einheitliche Rechtsprechung: Die Gerichte hatten sich mit ähnlichen Problemen auseinanderzusetzen, wie es einige Jahre später auch der Europäische Gerichts-

---

* Manuela Rauch ist Wissenschaftliche Assistentin am Zentrum für Arbeitsbeziehungen und Arbeitsrecht (ZAAR), München und Rechtsanwältin.

1 *Nokes v. Doncaster Amalgamated Collieries Ltd.*, [1940] Appeal Cases (AC) 1014 (House of Lords).

2 *Bolwell v. Redcliffe Homes Ltd.*, [1999] Industrial Relations Law Reports (IRLR) 485 (Court of Appeal).

3 *Duddington,* Employment Law, 2007, S. 350.

4 Der Betriebsübergang war zunächst im Contracts of Employment Act 1963, dann im Redundancy Payments Act 1965, im Contracts of Employment Act 1972 und schließlich im Employment Protection (Consolidation) Act 1978 geregelt.

hof (EuGH) musste. Es gab schon damals Diskussionen, wann genau ein Betriebsübergang vorliegt[5].

Als 1977 dann die europäische Richtlinie 77/187/EWG[6] erlassen wurde, hatte sich Großbritannien plötzlich intensiv mit dem Schutz der Arbeitnehmer beim Übergang eines Betriebes auseinanderzusetzen: Der Erwerber sollte in die Rechte und Pflichten des Veräußerers eintreten und neuer Arbeitgeber werden. Dies stellte genau die gegensätzliche Ansicht zum immer noch vorherrschenden Common Law dar. Mit wenig Begeisterung[7] wurde die Richtlinie durch die *Transfer of Undertakings (Protection of Employment) Regulations 1981 (TUPE)* umgesetzt.

Um den europäischen Vorgaben gerecht zu werden[8] und um die Rechtsprechung des EuGH[9] zu übernehmen, waren nach Inkrafttreten noch einige Änderungen vorzunehmen[10]; insbesondere umfassten die TUPE 1981 zunächst nur gewerbsmäßige Betriebe, also solche mit Gewinnerzielungsabsicht. Dies widersprach der Richtlinie und musste im Jahr 1993 ausgebessert werden[11]. Eine völlige Neuregelung[12] wurde dann nach Erlass der Richtlinie 2001/23/EG[13] im Jahr

---

5 *Upex/Ryley,* TUPE-Law and Practice, 2006, S. 3.

6 Richtlinie 77/187/EWG zur Angleichung der Rechtsvorschriften der Mitgliedstaaten über die Wahrung von Ansprüchen der Arbeitnehmer beim Übergang von Unternehmen, Betrieben oder Betriebsteilen (Amtsblatt EG 1977 L 61/26).

7 Die Regierung unter *Margaret Thatcher* konnte der Richtlinie wenig Gutes abgewinnen: Während die meisten EG-Mitgliedstaaten innerhalb der nach Art. 8 Abs. 1 der Richtlinie 77/187/EWG (Fn. 6) gesetzten Frist von zwei Jahren die Umsetzung vornahmen, hat Großbritannien diesen Zeitrahmen nicht eingehalten und die Transfer of Undertakings (Protection of Employment) Regulations 1981 (TUPE) erst am 14.12. 1981 erlassen. In Kraft trat das Gesetz am 1.2. 1982.

8 Richtlinie 98/50/EG zur Änderung der Richtlinie 77/187/EWG zur Angleichung der Rechtsvorschriften der Mitgliedstaaten über die Wahrung von Ansprüchen der Arbeitnehmer beim Übergang von Unternehmen, Betrieben oder Betriebsteilen (Amtsblatt EG 1998 L 201/88); Richtlinie 2001/23/EG zur Angleichung der Rechtsvorschriften der Mitgliedstaaten über die Wahrung von Ansprüchen der Arbeitnehmer beim Übergang von Unternehmen, Betrieben oder Unternehmens- oder Betriebsteilen (Amtsblatt EG 2001 L 82/16).

9 Insbesondere Europäischer Gerichtshof (EuGH) 8.6. 1994 – Rs. C-382/92, Slg. 1994, I-2435 (Kommission/Vereinigtes Königreich).

10 Umgesetzt durch die Collective Redundancies and Transfer of Undertakings (Protection of Employment) (Amendment) Regulations 1995-1999, den Pensions Act 2004 und den Transfer of Employment (Pensions Protection) Regulations 2005.

11 Durch den Trade Union Reform and Employment Rights Act (TURERA) 1993.

12 Darin musste unter anderem die Anwendung der TUPE auf Outsourcing-Verträge geregelt werden, die Verpflichtung des Veräußerers, dem Erwerber bestimmte Informationen über die vom Betriebsübergang betroffenen Arbeitnehmer mitzuteilen, die gesamtschuldnerische Haftung von Veräußerer und Erwerber für Kompensationsansprüche wegen einer Verletzung der Informations- und Beratungspflichten sowie bestimmte Än-

2001 notwendig[14]: Man entschied sich, zur Klarstellung einiger Punkte und zur Umsetzung der neuen Vorgaben, die *Regulations* von 1981 vollständig zu ersetzen. Seit dem 6.4. 2006 ist der Betriebübergang deshalb in den *Transfer of Undertakings (Protection of Employment) Regulations 2006 (TUPE)* geregelt[15].

II. Voraussetzungen des Betriebsübergangs

Die TUPE beziehen sich zunächst einmal auf die klassischen Fälle des Betriebsübergangs. Gemäß Regulation (Reg.) 3 (1)(a) TUPE sind die Vorschriften anzuwenden, wenn es sich um einen *„transfer of an undertaking, business or part of an undertaking or business situated immediately before the transfer in the United Kingdom to another person where there is a transfer of an economic entity which retains ist identity"* handelt. Zwei Kriterien bestimmen demnach die Anwendbarkeit: Zum einen muss die beabsichtigte Transaktion einen Übergang *(transfer)* im Sinne des Gesetzes darstellen und zum anderen ist zu prüfen, ob dieser Übergang sich auf einen Betrieb *(undertaking)* bezieht[16].

1. Undertaking

Die TUPE selbst enthalten keine eigenständige Definition des Begriffs *„undertaking"* mehr[17]. Betrachtet man allerdings Reg. 3 (1)(a) TUPE, so ist auch in Großbritannien – entsprechend der Rechtsprechung des EuGH[18] – darauf abzustellen, dass alle Betriebe oder Betriebsteile, die eine eigenständige wirtschaftliche Einheit bilden und nach der Übertragung ihre Identität bewahren, von einem Betriebsübergang betroffen sein können[19].

a) Wirtschaftliche Einheit

Reg. 3 (2) TUPE stellt für die wirtschaftliche Einheit auf eine organisierte Bündelung von Ressourcen ab, mit deren Hilfe eine wirtschaftliche Tätigkeit verfolgt wird[20], unabhängig davon, ob diese Tätigkeit im Vordergrund steht oder

---

derungen der Betriebsübernahmevorschriften im Rahmen eines Insolvenzverfahrens. Auch eine Klarstellung, wann der Erwerber den Vertrag nach Betriebsübergang abändern kann, sollte erfolgen.

13 Richtlinie 2001/23/EG (Fn. 8).

14 Entschieden in EuGH 19.5. 1992 – Rs. C-29/91, Slg. 1992, I-3189 (Redmond Stichting) und EuGH 12.11. 1992 – Rs. C-209/91, Slg. 1992, I-5755 (Watson Rask).

15 Alle im Folgenden zitierten Regulations sind solche der TUPE 2006; handelt es sich um die TUPE 1981, ist dies ausdrücklich gekennzeichnet.

16 *Upex/Benny/Hardy,* Labour Law, 2006, S. 345.

17 In den TUPE 1981 war eine solche, wenn auch nur sehr kurze, Definition in Regulation (Reg.) 1 (1) enthalten: „'Undertaking' includes any trade or business."

18 Siehe auch *McMullen,* Industrial Law Journal (ILJ) 35 (2006), 113, 119.

19 EuGH 10.2. 1988 – Rs. 324/86, Slg. 1988, 739 (Daddy's Dance Hall).

20 Entsprechend EuGH 10.12. 1998 – Rs. C-127/96, Slg. 1998, I-8179 (Hernandez Vidal).

nur untergeordnet ist. Ob es sich um ein privates oder ein staatliches Unternehmen handelt, spielt keine Rolle[21]; ausgenommen von den Regelungen der TUPE sind nur Übergänge innerhalb der öffentlichen Verwaltung und eine Umstrukturierung öffentlicher Behörden, siehe Reg. 3 (5) TUPE[22]. Auch auf eine Gewinnerzielungsabsicht kommt es nicht an[23].

Was genau unter einer Bündelung von Ressourcen zu verstehen ist, das ist jeweils im Einzelfall zu beurteilen: Die Übernahme einzelner Maschinen ohne organisatorische Zusammenfassung genügt grundsätzlich nicht. Es muss sich vielmehr um einen Organismus mit Eigenwert handeln. Ob ein solcher vorliegt, kann man, insbesondere auch wegen der nicht allzu detaillierten Rechtsprechung des EuGH, nur für die jeweilige Situation entscheiden: Bei der Beurteilung[24] ist die Natur des Gewerbes, die Übertragung von materiellen und immateriellen Betriebsmitteln, die Weiterbeschäftigung eines Teils der bisherigen Arbeitnehmer, die Mitnahme von Kunden beziehungsweise *Goodwill*[25], die Ähnlichkeit des Gewerbes vor und nach dem angeblichen Übergang[26] sowie die Dauer einer möglichen Unterbrechung des Gewerbebetriebs zu berücksichtigen.

Bei der Übertragung eines Betriebsteils muss nicht gezeigt werden, dass es sich um einen abgetrennten und selbständigen Teil handelt. Überzugehen hat ein erkennbarer Teil des Betriebs als Ganzes[27]. Es genügt dafür, dass dieser sich nach Abtrennung vom gesamten Unternehmen zum ersten Mal als wirtschaftliche Einheit darstellt[28].

---

21 Siehe Reg. 3 (4)(a) TUPE.

22 Auf europäischer Ebene wurde bereits 1996 entschieden, dass die strukturelle Neuordnung der öffentlichen Verwaltung oder die Übertragung von Verwaltungsaufgaben von einer öffentlichen Verwaltung auf eine andere keinen „Unternehmensübergang" im Sinne der Richtlinie darstellt, EuGH 15.10.1996 – Rs. C-298/94, Slg. 1996, I-4989 (Henke/Gemeinde Schierke und andere).

23 Dabei hatte die englische Legislative keinen großen Spielraum; eine entsprechende Definition ist in Art. 1 Abs. 1 lit. c der Richtlinie 2001/23/EG (Fn. 8) enthalten und war bis zum 17.7. 2001 umzusetzen, siehe Reg. 3 (4)(a) TUPE.

24 Diese Beurteilung muss unter Berücksichtigung aller genannter Faktoren erfolgen; es kann nicht ein einzelnes Kriterium ausschlaggebend sein für die Bewertung, siehe *P & O Trans European Ltd. v. Initial Transport Services Ltd.*, [2003] IRLR 128 (Employment Appeal Tribunal).

25 *Robert Seligman Corporation v. Baker,* [1983] Industrial Cases Reports (ICR) 770 (Employment Appeal Tribunal).

26 Siehe zum Beispiel EuGH 12.11. 1992 – Rs. C-209/91 (Fn. 14) (Watson Rask).

27 *Green v. Wavertree Heating and Plumbing Co. Ltd.*, [1978] ICR 928 (Employment Appeal Tribunal).

28 *Fairhurst Ward Abbotts Ltd. v. Botes Building Ltd.*, [2004] IRLR 304 (Court of Appeal).

Ein Übergang kann außerdem nur vorliegen, wenn es sich um eine stabile wirtschaftliche Einheit handelt. Es findet keine Übertragung der Arbeitsverhältnisse statt, wenn es lediglich noch zur Abwicklung einzelner Projekte kommt, die sich bereits in der Endphase befinden[29]. Die neuen TUPE fordern dies zwar nicht ausdrücklich; da aber auch die früheren Vorschriften keine solche Voraussetzung enthielten und die Rechtsprechung gleichwohl in diesem Sinne entschieden hat[30], wird man davon ausgehen müssen, dass dieses zusätzliche Erfordernis auch in Zukunft einzuhalten ist[31].

b) Wahrung der Identität

Der Betrieb muss sich nach dem Übergang noch genauso darstellen wie davor, Reg. 3 (1)(a). Als Beispiel dafür, wann dies nicht mehr der Fall ist, dient der Verkauf eines Restaurants: Wird ein italienisches Lokal veräußert und vom neuen Besitzer unmittelbar nach dem Erwerb als indische Gaststätte geführt, so sind die TUPE nicht anzuwenden; die Angestellten müssen also nicht zu denselben Bedingungen übernommen werden. Läuft ein Lokal aber zunächst für einige Zeit weiter wie vor dem Betriebsübergang und wird erst dann umgestellt, so sind die entsprechenden Vorschriften sehr wohl zu beachten[32].

Dazu kommt, dass die Tätigkeit fortzuführen ist; in der englischen Rechtsprechung[33] hat sich dazu der Begriff des *„going concern"* entwickelt. Dem Erwerber muss der Besitz an einem laufenden Betrieb verschafft werden, dessen Aktivität ohne Unterbrechung fortzusetzen ist. Ansonsten greifen die TUPE nicht. Da der EuGH ein ganz ähnliches Kriterium für seine Bewertung des Betriebsübergangs heranzieht[34], stellt das Erfordernis der Übertragung eines *„going concern"* keinen Verstoß gegen Gemeinschaftsrecht dar. Der alleinige

---

29 EuGH 19.9. 1995 – Rs. C-48/94, Slg. 1995, I-2745 (Rygaard).

30 *Mackie v. Aberdeen City Council,* [2006] Employment Appeal Tribunal (EAT) (S)/0095/04. In diesem Fall war die Klägerin bei einem Unternehmen beschäftigt, das für den Beklagten ein „Smart Card"-System einrichten sollte, damit Schüler ihre Mahlzeiten an den Schulen bargeldlos bezahlen und ältere Bürger die Karten als Busausweise benutzen könnten. Die Klägerin wurde zur Einrichtung des Systems in den Räumen des Councils beschäftigt. Die Tätigkeit war damit von vornherein beschränkt auf ein einzelnes Projekt und wurde zu einem fest vereinbarten Preis durchgeführt. Da es sich also nicht um eine stabile wirtschaftliche Einheit handelte, ging das Arbeitsverhältnis nicht auf die Beklagte über.

31 *McMullen,* ILJ 35 (2006), 113, 119.

32 *Taylor/Emir,* Employment Law: An Introduction, 2006, S. 492.

33 Erstmals wurde die Formel von einem Employment Tribunal in *Kenmir Ltd. v. Fritzels and others,* [1968] All England Law Reports (All ER) 414 (Employment Tribunal) angewandt; der Court of Appeal hat sie in der Entscheidung *Lloyd v. Brassey,* [1969] All ER 383, 384 (Court of Appeal) übernommen.

34 EuGH 17.12. 1987 – Rs. 287/86, Slg. 1987, 5465 (Ny Mølle Krø).

Übergang von Betriebsmitteln genügt demnach in Großbritannien nicht[35]: Ein bloßer Verkauf von Equipment ist nicht vom Anwendungsbereich der TUPE umfasst[36].

2. Transfer

Der „Übergang" des Betriebs ist unter dem Einfluss der europäischen Rechtsprechung zu sehen: In *Spijkers v. Gebroeders Benedikt Abattoir*[37] wird hervorgehoben, dass auf die Situation vor und nach dem Übergang abzustellen ist. Nur wenn eine große Ähnlichkeit besteht, kann man von einem Betriebsübergang sprechen.

a) Rechtsgeschäft

Die von Reg. 3 (1)(a) TUPE erfasste Übertragung stellt meist ein Rechtsgeschäft dar: Neben dem Verkauf oder ähnlichen Verträgen wie Tausch oder Schenkung, kann auch die Verpachtung zu einem Betriebsübergang führen. Eine rechtliche Beziehung zwischen Veräußerer und Erwerber ist dabei nicht unbedingt erforderlich, so dass nicht nur die Betriebsnachfolge durch den Verpächter nach Beendigung eines Pachtvertrags[38] einen Betriebsübergang darstellt; auch die direkte Übergabe des Betriebs vom bisherigen Pächter an den neuen Pächter wird von der Rechtsprechung als Betriebsübergang gesehen[39].

Dem Übergang muss aber nicht unbedingt ein Rechtsgeschäft vorausgehen. Auch sonstige Verfügungen und der Übergang kraft Gesetzes sind unter die TUPE zu subsumieren. Selbst Erbfälle gehören dazu: Nach *Common Law* beendete der Tod des Arbeitgebers das Arbeitsverhältnis, da es als rein persönliches Verhältnis aufgefasst wurde[40]. Es ging nicht, wie im deutschen Recht, auf die Erben über; bei beiderseitig erstrebter Fortsetzung musste mit dem Erbschaftsverwalter ein neuer Arbeitsvertrag geschlossen werden[41]. Dies hat sich mit Einführung der TUPE geändert.

---

35 *Selwyn,* Law of Employment, 14. Aufl. 2006, S. 248.

36 *ECM (Vehicle Delivery Service) Ltd. v. Cox,* [1998] IRLR 416, 596 (Employment Appeal Tribunal).

37 EuGH 18.3. 1986 – Rs. 24/85, Slg. 1986, 1119 ff. (Spijkers).

38 EuGH 17.12. 1987 – Rs. 287/86 (Fn. 34) (Ny Mølle Krø).

39 *Premier Motor (Medway) Ltd. v. Total Oil Great Britain Ltd.,* [1983] IRLR 471 (Employment Appeal Tribunal).

40 *Farrow v. Wilson,* [1869] Law President (LP) 4 Common Pleas Law Reports (CP) 744, 746 (Court of Common Pleas).

41 *Forest v. Forrest,* [1967] Knight's Industrial Reports (KIR) II, 188, (Industrial Tribunal).

Probleme ergeben sich immer dann, wenn kein Wechsel des Betriebsinhabers erfolgt[42]. Als Beispiel dafür, dass dann kein Betriebsübergang vorliegt[43], dient der Fall *Askew v. Governors of Clifton Middle School*[44]: Der Kläger war als Lehrer an einer öffentlichen Schule beschäftigt. Im Rahmen einer Umstrukturierung des Schulsystems wurde er entlassen, weil sein Arbeitsplatz weggefallen war. Daraufhin bewarb er sich an der Bildungsstätte, die seine alte Schule ersetzen sollte. Als er damit keinen Erfolg hatte, berief er sich darauf, er sei ungerechtfertigt entlassen worden, da die TUPE Anwendung fänden. Die Gerichte gaben ihm nicht Recht; es hatte schlicht kein Wechsel des Arbeitgebers stattgefunden, da die neue Schule auch von den örtlichen Behörden geleitet wurde.

Dieses zusätzliche Erfordernis der Übertragung des Betriebs auf eine andere Person sorgt auch in Zukunft dafür, dass Anteilsveräußerungen nicht unter die TUPE fallen; die Regierung hat im Rahmen der Neufassung ihre Kompetenz nach Section (Sec.) 38 *Employment Rights Act 1999 (ERA)* nicht ausgenutzt, um die sogenannten „*share sales*" in den Anwendungsbereich mit aufzunehmen[45].

b) Ablauf

Die Übertragung muss sich nicht in einer Phase abspielen, sondern kann sich in mehrere Schritte unterteilen: Schließt der Verpächter nach Beendigung eines Pachtvertrags mit einer neuen Partei einen Vertrag ab, so genügt dies bereits[46]. Unter Umständen reicht auch eine Verlagerung bestimmter betrieblicher Funktionen auf außenstehende Privatunternehmen[47]. Bei der Rückübertragung oder der Verlagerung auf ein anderes Unternehmen kann es zur erneuten Anwendung der TUPE kommen[48]. Im letzteren Fall bestehen zwischen den Unternehmen keinerlei direkte Beziehung, aber trotzdem gehen die Arbeitnehmer über.

3. Outsourcing

Eindeutig geregelt ist seit 2006 das *Outsourcing,* Reg. 3 (1)(b) TUPE[49]. Unter dem Begriff „*service provision change*" wurde über den klassischen Betriebs-

---

42 Reg. 3 (1)(1) TUPE: „...a transfer...to another person...".

43 *Jeffreys/Stafford,* in: Lewis (Hrsg.), Transfer of Undertakings, Release No. 32 (2008), A2.7.

44 *Askew v. Governors of Clifton Middle School,* [1999] European Law Reporter (ELR) 425 (Court of Appeals).

45 Siehe *McMullen,* ILJ 35 (2006), 113, 119.

46 EuGH 10.2. 1988 – Rs. 324/86 (Fn. 19) (Daddy's Dance Hall).

47 *Kenny v. South Manchester College Kro,* [1993] IRLR 265 (High Court), siehe dazu auch gleich unter Outsourcing, II 3.

48 *Dines v. Initial Health Care Services Limited Kro,* [1994] IRLR 336 (Court of Appeal).

49 Man muss nun nicht mehr auf das Case Law des EuGH zurückgreifen; insbesondere EuGH 11.3. 1997 – Rs. C-13/95, Slg. 1997, I-1259 (Süzen) wurde in diesem Zusammenhang herangezogen.

übergang hinaus festgelegt, dass auch eine reine Auslagerung von Dienstleistungen unter die TUPE fallen kann. Umfasst sind drei verschiedene Konstellationen: zum einen die reine Auslagerung von Diensten, die vorher im Betrieb selbst durchgeführt worden waren[50], weiter die Übertragung der Dienstleistungserbringung von einem Auftragnehmer auf einen anderen[51] und zum dritten die Zurückverlagerung einer solchen Leistungserbringung in den Betrieb[52].

In diesen Fällen muss die ausgelagerte Tätigkeit – anders als in den klassischen Fällen des Betriebsübergangs – nicht ihre Identität wahren. Der Grund dafür besteht darin, dass die Regierung auch solche Auslagerungen nicht von den Vorschriften der TUPE ausnehmen wollte, in denen der Dienstleister in neuer oder innovativer Weise agiert.

Damit in diesen Fällen ein „Betriebsübergang“ im Sinne der TUPE stattfinden kann, müssen folgende Voraussetzungen aus Reg. 3 (3) TUPE vorliegen[53]: Es kommt einerseits darauf an, dass unmittelbar vor der Auslagerung eine organisierte Gruppe von Arbeitnehmern in Großbritannien die fragliche Dienstleistung ausführt, wobei laut Definition in Sec. 2 (1) TUPE bereits ein Arbeitnehmer genügen kann. Werden immer wechselnde Personen beschäftigt, kann kein Betriebsübergang stattfinden[54]. Außerdem darf die Erbringung der Leistung nicht nur kurzfristig sein oder anlässlich eines bestimmten Events oder einer bestimmten Aufgabe erfolgen[55]. Der Veräußerer darf auch nicht ständig wechselnde Vertragspartner verpflichten[56].

Ausdrücklich ausgenommen von den TUPE ist die alleinige Anlieferung von Waren, Reg. 3 (3)(b) TUPE. Als Beispiel kann die Versorgung mit Essen und Trinken angeführt werden; anders sieht es aus, wenn die gesamte Kantine von einer Fremdfirma übernommen wird[57].

---

50 „Activities cease to be carried out by a person („a client“) on his own behalf and are carried out instead by another person on the client's behalf („a contractor“).“

51 „Activities cease to be carried out by a contractor on a client's behalf (whether or not those activities had previously been carried out by the client on his own behalf) and are carried out instead by another person („a subsequent contractor“) on the client's behalf.“

52 „Activities cease to be carried out by a contractor or a subsequent contractor on a client's behalf (whether or not those activities had previously been carried out by the client on his own behalf) and are carried out instead by the client on his own behalf.“

53 *Duddington* (Fn. 3), S. 353.

54 *Selwyn* (Fn. 35), S. 250.

55 Problematisch ist dabei der Wortlaut von Reg. 3 (3)(a) TUPE: „...in connection with a single specific event or task of short-term duration;“. Es ist unklar, ob es für beide Situationen, also die einzelne Veranstaltung und die bestimmte Aufgabe, auf die kurze Dauer ankommt oder nur für Letztere; siehe auch *McMullen,* ILJ 35 (2006), 113, 122.

56 *Upex/Benny/Hardy* (Fn. 16), S. 347.

57 *Upex/Ryley* (Fn. 5), S. 49.

Wirft man einen genaueren Blick auf diese neuen Vorschriften, so erkennt man, dass sie eine völlig neue Betrachtungsweise des Betriebsübergangs mit sich bringen: Eine der Hauptschwierigkeiten der Rechtsprechung bestand bisher darin zu klären, in welchen Fällen eine wirtschaftliche Einheit übergegangen ist. Im dienstleistungsorientierten Gewerbe kann es genügen, wenn ausschließlich Arbeitnehmer übertragen wurden: Laut EuGH reichte es für einen Betriebsübergang sogar aus, dass ein einzelner Arbeitnehmer, der die fragliche Tätigkeit ausübt, ausgelagert wurde[58].

Die Prüfung nach dem sogenannten 7-Punkte-Test des EuGH ist in Großbritannien nunmehr praktisch obsolet; es besteht eine eindeutige gesetzliche Regelung, so dass nicht mehr auf *Case Law* zurückgegriffen werden muss. Insbesondere Fälle, in denen man nicht davon ausgegangen ist, dass es sich um einen Betriebsübergang handelte[59], weil die Auslagerung nicht ausreichte, um eine wirtschaftliche Einheit übergehen zu lassen, können nunmehr unter die TUPE subsumiert werden. Trotz Abweichungen von der Richtlinie dürfte die Regelung nicht europarechtswidrig sein; es besteht kein Grund, Vorschriften, die den Arbeitnehmer besser stellen als es die europäischen Vorgaben fordern, zu verbieten[60]. Allerdings kann in den Fällen, in denen die neu aufgenommene Form des

---

58 EuGH 14.4. 1994 – Rs. C-392/92, Slg. 1994, I-1311 (Christel Schmidt).

59 EuGH 11.3. 1997 – Rs. C-95/13 (Fn. 49) (Süzen): Die Richtlinie galt hier nicht für den Fall, dass ein Auftraggeber, der die Reinigung von Räumlichkeiten einem Unternehmer übertragen hat, den Vertrag mit diesem kündigte und zur Durchführung ähnlicher Arbeiten einen neuen Vertrag mit einem anderen Unternehmer schloss. Der Vorgang war weder mit einer Übertragung relevanter materieller oder immaterieller Betriebsmittel von dem einen auf den anderen Unternehmer verbunden noch mit der Übernahme eines nach Zahl und Sachkunde wesentlichen Teils des von dem einen Unternehmer zur Durchführung des Vertrags eingesetzten Personals durch den anderen Unternehmer. Mit dem Begriff des Übergangs im Sinne der Richtlinie wird ein Fall erfasst, in dem eine wirtschaftliche Einheit – das heißt eine organisierte Gesamtheit von Personen und Sachen zur Ausübung einer wirtschaftlichen Tätigkeit mit eigener Zielsetzung – ihre Identität über den betreffenden Vorgang hinaus wahrt. Unter diesen Voraussetzungen stellt der bloße Verlust eines Auftrags an einen Mitbewerber keinen solchen Übergang dar. Darüber hinaus ist es denkbar, dass eine wirtschaftliche Einheit in bestimmten Branchen, in denen es im Wesentlichen auf die menschliche Arbeitskraft ankommt, ohne relevante Betriebsmittel tätig sein und eine Gesamtheit von Arbeitnehmern darstellen kann, die durch eine gemeinsame Tätigkeit dauerhaft verbunden sind, wobei in einem solchen Fall für die Annahme eines Übergangs im Sinne der Richtlinie jedoch erforderlich ist, dass diese Gesamtheit durch die Übernahme eines wesentlichen Teils ihres Personals durch den neuen Auftragnehmer fortbesteht.

60 Siehe auch *McMullen,* ILJ 35 (2006), 113, 115, der auf Art. 8 der Richtlinie 2001/23/EG (Fn. 8) verweist, in deren Rahmen eine solche Besserstellung ausdrücklich vorgesehen wurde. Um jedes Gegenargument zu vermeiden, der Secretary of State könnte wegen Section (Sec.) 2 (2) European Communities Act 1972 lediglich die Kompetenz haben, Richtlinien umzusetzen, nicht über diese hinauszugehen, hat man mit

Betriebsübergangs nicht greift, auch weiterhin ein klassischer Betriebsübergang vorliegen – dann kommt es wieder auf die Entscheidung an, ob es sich um ein dienstleistungsbezogenes Gewerbe handelt oder ob es mehr auf den Übergang der Betriebsmittel ankommt[61].

4. Anwendungsbereich

Sowohl die europäische Richtlinie als auch die daraufhin erlassenen TUPE versuchen den Schutz der Beschäftigten zu erweitern. Davon sind aber nicht alle „Arbeitsverhältnisse" umfasst. So finden die TUPE keine Anwendung auf die Übertragung von Kapitalanteilen an einem Unternehmen, auf Betriebe, die ihren Sitz nicht unmittelbar vor dem Transfer im Vereinigten Königreich haben[62], oder wenn die Arbeitsverhältnisse eines Unternehmens ganz oder überwiegend außerhalb Großbritanniens durchgeführt werden[63]. Nicht klar ist, inwieweit die TUPE auf grenzüberschreitende Transaktionen anzuwenden sind[64]. Es wurde nur festgelegt, dass der Betrieb seinen Sitz vor dem Übergang in Großbritannien haben muss. In einer neueren Entscheidung des *Employment Appeal Tribunal (EAT)*[65] allerdings gingen die Richter davon aus, dass die TUPE auch eingreifen, wenn das Unternehmen außerhalb Großbritanniens, sogar außerhalb der EU-Mitgliedstaaten, weitergeführt wird.

Wer im Einzelnen Ansprüche im Zusammenhang mit dem Betriebsübergang herleiten kann, ist im Wesentlichen den nationalen Gerichten überlassen[66]: Anwendung findet das Gesetz in Großbritannien auf *„Employees"*, was man der Einfachheit halber mit „Arbeitnehmer" übersetzen kann, auch wenn sicherlich keine exakte Übereinstimmung mit dem deutschen Begriff vorliegt. *„Employee"* nach Reg. 2 (1) TUPE ist jeder Beschäftigte, der für eine andere Person tätig ist, sei es in einem vertraglichen Verhältnis, in einem Ausbildungsverhältnis oder auf eine andere Weise. Diese Definition ist weiter gefasst als im ERA 1996 und umfasst grundsätzlich auch Gelegenheitsbeschäftigte[67] und Leiharbeitnehmer.

Sec. 38 (2) Employment Relations Act (ERA) 1999 eine eindeutige Regelung geschaffen, welche diese Kompetenz zugesteht.

61 Ein Beispiel für einen Fall, in dem man entschied, dass es entscheidend auf den Übergang von Betriebsmitteln ankäme, war EuGH 25.1.2001 – Rs. C-172/99, Slg. 2001 I-745 (Oy Liikenne).

62 Reg. 3 (1)(a) TUPE.

63 Reg. 3 (4)(c) TUPE.

64 Siehe dazu ausführlich *Evason/Kunatowska*, in: Lewis (Fn. 43), A14.

65 *Holis Metal Industries Ltd. v. GMB*, [2008] IRLR 187 (Employment Appeal Tribunal).

66 EuGH 11.7. 1985 – Rs. 105/84, Slg. 1985, 2639 (Mikkelsen).

67 In Großbritannien versteht man unter dem Begriff „casual employee" Arbeiter, die bei Bedarf für einen Betrieb tätig werden, bei denen aber keine Pflicht besteht, die Arbeitsleistung dann zu erbringen, wenn es angeordnet wird. Vielmehr können diese Beschäftigten auswählen, ob sie arbeiten möchten. Es fehlt also an einer Gegenseitigkeit der

Als Abgrenzungsmerkmale dienen deshalb drei wesentliche Merkmale[68]. Erstens ist die persönliche Erbringung der Arbeitsleistung ausschlaggebend. Dazu kommt, dass eine Partei berechtigt sein soll, die Arbeitsleistung zu fordern, während die andere Partei verpflichtet ist, der Anordnung Folge zu leisten. Wichtigstes Kriterium ist aber die Weisungsbefugnis des Arbeitgebers. Anhand dieser Kriterien ist im Einzelfall zu beurteilen, inwieweit jemand in den Schutzbereich der TUPE fällt[69]. Personen, die als selbständige Unternehmer oder freie Mitarbeiter Dienstleistungen erbringen, sind nach Reg. 2 (1) ausdrücklich ausgeschlossen.

Probleme können auftreten, wenn ein Arbeitnehmer für mehrere Betriebe in einem Unternehmen tätig wird. Reg. 4 (1) TUPE verlangt nämlich, dass der Arbeitnehmer in den übergehenden Betriebsteil eingegliedert ist. Besteht ein Vertrag mit der Muttergesellschaft, so kann eine Übertragung einzelner Tochtergesellschaften nicht zu einem Übergang des Vertragsverhältnisses führen[70]. Ab welchem Zeitpunkt man einen Arbeitnehmer einem bestimmten Betrieb zuordnen kann, ist wieder eine Frage der Einzellfallbetrachtung: Laut Rechtsprechung[71] kommt es unter anderem auf die jeweilige Zeit an, die für einen Betrieb gearbeitet wird, den Wert, den die Tätigkeit für die verschiedenen Betriebe hat, und wer die Kosten trägt, die aufgrund der Leistungserbringung entstehen[72].

5. Zeitpunkt des Betriebsübergangs

Es stellt sich natürlich die Frage, in welchem Zeitpunkt der Betriebsübergang nach den TUPE genau stattfindet. Obwohl die Rechtsprechung dies früher anders sah[73], ist heutzutage auf die tatsächliche Übernahme des Betriebs abzustellen. Insbesondere, da die TUPE nicht nur bei Betriebsübergängen aufgrund von Rechtsgeschäften anwendbar sind, entspricht dies am besten dem Sinn und Zweck des Gesetzes. Gemäß der Rechtsprechung des EuGH ist damit auch in den Fällen eines vorangehenden Verpflichtungsgeschäfts auf den Zeitpunkt abzustellen, in dem der Erwerber die tatsächliche Verantwortung für den Betrieb

---

Verpflichtungen; siehe *Bowers,* A Practical Approach to Employment Law, 7. Aufl. 2005, S. 26.

68 *Upex/Ryley* (Fn. 5), S. 125.

69 *Express & Echo Publications Ltd. v. Tanton,* [1999] ICR 693 (Court of Appeal).

70 *Michael Peters Ltd. v. Farnfield,* [1995] IRLR 190 (Employment Appeal Tribunal).

71 EuGH 7.2. 1985 – Rs. 186/83, Slg 1985, 519 (Arie Botzen).

72 Diese Kriterien wurden in Großbritannien zum ersten Mal in *Duncan Web Offset (Maidstone) Ltd. v. Cooper,* [1995] IRLR 633, 635 (Employment Appeal Tribunal) übernommen.

73 *Kestongate Ltd. v. Miller,* [1986] ICR 672, 675 (Employment Appeal Tribunal).

übernimmt[74], also das Verfügungsgeschäft. Davon kann nicht durch Vereinbarung abgewichen werden[75].

III. Widerspruchsrecht der Arbeitnehmer

Wie bereits erwähnt, galt in Großbritannien vor Erlass der TUPE der Grundsatz, dass die Arbeitsverhältnisse der betroffenen Arbeitnehmer im Fall eines Betriebsübergangs endeten. Die Richtlinie forderte eine Einschränkung dieser Vertragsfreiheit dahingehend, dass der Betriebserwerber zur Übernahme der Arbeitsverträge verpflichtet wird. Aufgrund des im britischen Privatrecht geltenden Prinzips der Gegenseitigkeit der Schuldverhältnisse *(mutuality of obligation)*[76] wollte man dem Arbeitnehmer deshalb zunächst kein Widerspruchsrecht einräumen[77]. Rechte oder Pflichten, die für eine Partei bestehen, müssen auch für die andere Partei galten. Da die Übernahme für den Betriebserwerber zwingend war, sollte dies auch für die Arbeitnehmer gelten.

Die Ablehnung eines Widerspruchsrechts entsprach aber nicht dem Zweck der Richtlinie: Es sollten gerade die Rechte der Arbeitnehmer beim Betriebsübergang gestärkt werden. Und auch in tatsächlicher Hinsicht gab es keinen Grund, weshalb der Arbeitnehmer seine Tätigkeit beim Erwerber gegen seinen Willen fortsetzen sollte. Insbesondere ist der Betriebserwerber nicht auf den einzelnen Arbeitnehmer angewiesen. Als der EuGH dann im Fall *Katsikas v. Konstantinidis*[78] ausdrücklich feststellte, dass die Richtlinie den Arbeitnehmer nicht zur Fortsetzung seines Arbeitsverhältnisses verpflichte, wurde 1993 mit Reg. 5 (4A)[79] ein solches Widerspruchsrecht in die TUPE eingeführt.

Betroffene Arbeitnehmer können dem Veräußerer oder dem Erwerber mitteilen, dass sie das Arbeitsverhältnis nicht mit dem neuen Besitzer fortsetzen möchten. Es gibt keine bestimmte Form, in der ein solcher Widerspruch vorgebracht werden muss, in jedem Fall aber ist deutlich zu machen, dass der Arbeitnehmer nicht für den Erwerber tätig werden will. Wann ein Betroffener dem Übergang des Arbeitsverhältnisses widersprechen muss, ist nicht ausdrücklich geregelt. Dies hängt insbesondere davon ab, wann der Arbeitnehmer Kenntnis vom bevorstehenden Betriebsübergang erlangt[80]. Da anders als nach § 613a Abs. 5 BGB keine Pflicht des Veräußerers besteht, die Arbeitnehmer über De-

---

74 EuGH 26.5. 2005 – Rs. C-478/03, Slg. 2005, I-4389 (Celtec).

75 *Selwyn* (Fn. 35), S. 252.

76 *Löw*, Die Betriebsveräußerung im europäischen Arbeitsrecht, 1992, S. 119.

77 *Premier Motor Medway Ltd. v. Total Oil Great Britain Ltd.* (Fn. 39), 473.

78 EuGH 16.12. 1992 – verbundene Rs. C-132/91, C-138/91, C-139/91, Slg. 1992, I-6577 (Katsikas).

79 Mittlerweile in Reg. 4 (7) TUPE 2006 geregelt.

80 *Mc Mullen*, ILJ 37 (2008), 169, 174.

tails zu informieren, kann ein Widerspruch unter Umständen auch noch nach dem Übergang erfolgen[81].

Im Fall eines Widerspruchs endet das alte Arbeitsverhältnis aber nicht wie in Deutschland[82] im Zeitpunkt des Betriebsübergangs[83]. Widersprechende Arbeitnehmer werden dann so behandelt, als seien sie freiwillig aus dem Unternehmen ausgeschieden. Die Beendigung darf nicht wie eine Kündigung bewertet werden.

IV. Informationspflichten gegenüber dem Erwerber

Seit der Neuregelung der TUPE im Jahr 2006 ist der Veräußerer eines Betriebs verpflichtet, dem Erwerber bestimmte Informationen über die vom Betriebsübergang betroffenen Arbeitnehmer mitzuteilen sowie über all diejenigen, die im Zusammenhang mit dem Betriebsübergang entlassen wurden[84].

Spätestens zwei Wochen vor Übergang sind dem Erwerber schriftlich folgende Informationen zu den genannten Arbeitnehmern vorzulegen: Name und Alter, Vertragsbedingungen nach Sec. 1 ERA 1996[85], Einzelheiten zu Disziplinarmaßnahmen innerhalb der letzten zwei Jahre, Einzelheiten zu Arbeitnehmerbeschwerden innerhalb der letzten zwei Jahre, Einzelheiten zu rechtlichen Schritten gegen den Veräußerer innerhalb der letzten zwei Jahre und Einzelheiten über Sachverhalte, aufgrund derer ein Arbeitnehmer nach Einschätzung des Veräußerers im Zusammenhang mit dem Arbeitsverhältnis ein Gerichtsverfahren einleiten könnte. Auch über jeden Tarifvertrag, der nach dem Betriebsübergang Wirkung entfaltet, muss der Erwerber Bescheid wissen im Hinblick auf die Fortgeltung nach Reg. 5 TUPE[86].

---

81 *Secretary of State for Trade and Industry v. Cook*, [1997] IRLR 150 (Employment Appeal Tribunal); darin erlangten die Arbeitnehmer erst nach dem Betriebsübergang Kenntnis von der Person des Erwerbers und widersprachen dann noch erfolgreich dem Übergang ihrer Arbeitsverhältnisse.

82 Auch in § 613a Abs. 6 BGB ist ein Widerspruchsrecht der betroffenen Arbeitnehmer vorgesehen; nach Ausübung des Rechts allerdings besteht das Arbeitsverhältnis mit dem alten Arbeitgeber fort. Eine Beendigung kann nur durch eine Kündigung herbeigeführt werden, die dann dem allgemeinem Kündigungsschutz unterliegt.

83 Reg. 4 (8) TUPE.

84 Reg. 11 TUPE.

85 Zu diesen Vertragsbedingungen gehören unter anderem Name des Arbeitgebers, Name des Arbeitnehmers, Beginn des Arbeitsverhältnisses, Beginn der Betriebszugehörigkeit, Gehalt, Arbeitszeiten, Urlaub, Krankheit, Ansprüche auf betriebliche Altersversorgung, Kündigungsfrist, Job-Bezeichnung, vorübergehende oder befristete Tätigkeit, Arbeitsort, Tarifvereinbarungen, Einsatz außerhalb Großbritanniens etc.

86 Siehe unten, Rechtsfolgen auf kollektiver Ebene, VI 2.

Die Informationen können auch nacheinander oder durch Dritte erbracht werden. Ändern sich die Tatsachen, über die Bericht zu erstatten ist, muss dies dem Erwerber unverzüglich mitgeteilt werden[87].

Bei einer Verletzung dieser Mitteilungspflichten kann der Erwerber sich innerhalb von drei Monaten nach dem Betriebsübergang an ein Arbeitsgericht *(Employment Tribunal)* wenden und auf Entschädigung klagen[88]. Die Höhe einer solchen liegt im Ermessen des Gerichts und richtet sich im Wesentlichen nach dem Schaden, der dem Erwerber durch die unterlassene oder fehlerhafte Mitteilung entstanden ist, pro Arbeitnehmer jedoch mindestens £ 500[89]. Oftmals existiert dazu auch eine vertragliche Vereinbarung, Reg. 12 (4) TUPE.

V. Beteiligung der Arbeitnehmervertretungen

In kollektivrechtlicher Hinsicht gilt es seit Neuerlass der TUPE Folgendes zu berücksichtigen: Sowohl Veräußerer als auch Erwerber müssen entweder die anerkannten Gewerkschaften[90] oder, falls nicht vorhanden, die gewählten Arbeitnehmervertretungen[91] über bestimmte Punkte in Kenntnis setzen. Besteht im Betrieb keine der oben genannten Arbeitnehmervertretungen[92], sind ausnahmsweise alle betroffenen Arbeitnehmer zu informieren.

Die Arbeitnehmervertretungen sind im Zusammenhang mit dem Betriebsübergang zunächst einmal schriftlich über die Tatsache, dass ein solcher stattfinden wird, und den beabsichtigten Zeitpunkt zu unterrichten. Auch die Gründe sind zu nennen. Weiter müssen die rechtlichen, wirtschaftlichen und sozialen Auswirkungen für die betroffenen Arbeitnehmer mitgeteilt werden. Über Maßnahmen, die Betriebsveräußerer und Betriebserwerber bezüglich der betroffenen Arbeitnehmer beabsichtigten, ist vorab zu informieren. Sind weder vom Veräu-

---

87 *Selwyn* (Fn. 35), S. 259.

88 Reg. 12 (2) TUPE.

89 *Income Data Services (IDS),* Transfer of Undertakings: Employment Law Handbook, 2007, S. 428.

90 Der Begriff „Gewerkschaft“ ist in Sec. 1 Trade Union and Labour Relations (Consolidation) Act 1992 (TUL[C]RA 1992) definiert. Die Anerkennung einer Gewerkschaft bedeutet nichts anderes, als dass ein Arbeitgeber akzeptiert, dass eine Gewerkschaft berechtigt ist, eine bestimmte Gruppe von Arbeitnehmern zu einem bestimmten Zweck zu vertreten. Eine solche Anerkennung kann auf verschiedenen Ebenen und zu unterschiedlichen Zwecken erfolgen.

91 Die Vertreter werden aus den Reihen der Arbeitnehmer gewählt. Dabei ist es nicht notwendig die Vertreter jeweils für einen bestimmten Zweck zu wählen, siehe Sec. 188 (1B) TUL(C)RA 1992.

92 Dies ist immer dann der Fall, wenn keine Gewerkschaften für den Betrieb anerkannt wurden und die Arbeitnehmer nach der Aufforderung des Arbeitgebers auch keine Arbeitnehmervertretung nach Reg. 14 TUPE innerhalb einer angemessenen Zeit gewählt haben.

ßerer noch vom Erwerber Maßnahmen im Zusammenhang mit dem Betriebserwerber geplant, so ist diese Tatsache weiterzuleiten.

Aus der Verletzung der Informationspflicht leiten sich individualrechtliche Ansprüche der einzelnen Arbeitnehmer ab; es kann beim Arbeitsgericht, wiederum in der Frist von drei Monaten ab Übergang des Betriebs, Klage auf Entschädigung erhoben werden, in der bis zu 13 Wochengehälter[93] zugesprochen werden können[94]. Seit Erlass der Neuregelung der TUPE im Jahr 2006 besteht eine gesamtschuldnerische Haftung von Veräußerer und Erwerber für solche Kompensationsansprüche[95], wobei Veräußerer und Erwerber in aller Regel eine interne Vereinbarung dazu im Unternehmenskaufvertrag aufnehmen. Als Einrede kommen lediglich „besondere Umstände" infrage[96].

Unter bestimmten Voraussetzungen sind die Vertreter der Arbeitnehmer sogar zu Beratungen heranzuziehen. Soweit keine die Arbeitnehmer betreffenden Maßnahmen im Zusammenhang mit dem Betriebsübergang geplant sind, also keine Änderungen der Arbeitsbedingungen oder Betriebsabläufe, obliegt dem Arbeitgeber nur eine Informationspflicht. Sind dagegen solche vorgesehen, haben die Arbeitnehmervertretungen ein Recht auf Konsultation. Die Gespräche sollen mit dem Ziel geführt werden, eine Einigung hinsichtlich der geplanten Maßnahmen zu erzielen. Es gibt keine gesetzlich vorgesehenen Fristen, wann und wie lange Beratungen geführt werden müssen; in jedem Fall sind diese aber so rechtzeitig einzuleiten, dass genügend Zeit bleibt, um sie vor dem Betriebsübergang abzuschließen.

VI. Rechtsfolgen des Betriebsübergangs

Die TUPE stellen zwingendes Recht dar. Abweichende Regelungen durch vertragliche Vereinbarung sind nicht möglich.

1. Individualarbeitsrecht

Auf individualrechtlicher Ebene bedeutet ein Betriebsübergang zunächst einmal, dass der neue Inhaber mit allen Rechten und Pflichten in die Rechtsstellung des Veräußerers eintritt[97]. Sowohl vertragliche als auch gesetzliche Rechte sind davon umfasst. Lediglich betriebliche Pensionsansprüche fallen nicht unter die Regelung[98]. Für den neuen Arbeitgeber bedeutet dies, dass er in seinem Unter-

93 Diese Entschädigungssumme wurde in *Sweetin v. Coral Racing,* [2006] IRLR 252 (Employment Appeal Tribunal) beispielsweise vollumfänglich zugesprochen.

94 Reg. 15 (7) TUPE.

95 Reg. 15 (9) TUPE.

96 *Duddington* (Fn. 3), S. 359.

97 *Upex*, The Law of Termination of Employment, 2006, S. 105.

98 Reg. 10 TUPE: Dieser Grundsatz wurde jedoch durch EuGH 4.6. 2002, Rs. C-164/00, Slg. 2002, I-4893 (Beckmann) eingeschränkt: Rechte, die nicht im Zusammenhang mit

nehmen möglicherweise eine Vielzahl von verschiedenen Arbeitsbedingungen zu berücksichtigen hat; eine Angleichung derselben kann nur dadurch erfolgen, dass für alle die günstigsten Konditionen eingeräumt werden.

a) Kündigungsverbot

Eine Kündigung aus Anlass des Betriebsübergangs, sei es vor oder nach dem Transfer, ist automatisch ungerechtfertigt[99], wenn sie allein oder hauptsächlich wegen des Betriebsübergangs erfolgt.

Dass sich Reg. 7 (1) heute auf Kündigungen vor und nach dem Betriebsübergang bezieht, hängt mit dem früheren Wortlaut der Reg. 5 (3) TUPE zusammen[100]: Danach war ein entscheidender Punkt für die Anwendung der TUPE das Bestehen des Arbeitsverhältnisses unmittelbar vor dem Betriebsübergang. Probleme ergaben sich in den Fällen, in denen dem Arbeitnehmer kurz vor dem Betriebsübergang gekündigt wurde. Wegen dieser Möglichkeit des Betriebsveräußerers, die TUPE gegebenenfalls im Einvernehmen mit dem Betriebserwerber zu umgehen, legten die Gerichte den Begriff *„immediately before"* sehr weit aus[101]. Es wurden nicht nur die Arbeitnehmer umfasst, deren Arbeitsverhältnisse unmittelbar vor dem Betriebsübergang bestanden. Auch diejenigen, die so gestanden hätten, wenn man sie nicht rechtswidrig wegen dem Übergang oder in einem Zusammenhang damit entlassen hätte, werden von den TUPE geschützt[102]. Durch die neue Formulierung wurde diese umständliche Ausweitung des Schutzbereichs überflüssig.

Da die TUPE die speziellen Regelungen des Betriebsübergangs mit dem allgemeinen Kündigungsrecht verbinden, müssen zwei wichtige Punkte berücksichtigt werden[103]: Zum einen darf keine Ausnahme unter dem allgemeinen Kündigungsschutz vorliegen und zum anderen muss es sich auch tatsächlich um eine Kündigung handeln.

Dabei ist der genaue Wortlaut von Reg. 7 (1) TUPE zu beachten: Es wird auf Part X des ERA 1996 verwiesen, nach dem grundsätzlich nur Arbeitnehmer

---

einer Versorgungsleistung im Alter stehen, können nach den Bestimmungen der Betriebsübergangsrichtlinie auf den Erwerber übergehen, auch wenn sie in einem Pensionsplan geregelt sind. Darüber hinaus ist zu beachten, dass Arbeitnehmer, die an einer betrieblichen Altersversorgungsregelung (occupational pension scheme) des Veräußerers teilnehmen, seit dem 6.4. 2005 bei einem Betriebsübergang zu einer bestimmten Mindestpensionsregelung durch den Erwerber berechtigt sind. Weiter soll nicht auf die betriebliche Altersvorsorge eingegangen werden.

99 Reg. 7 (1) TUPE.

100 *Duddington* (Fn. 3), S. 355.

101 *Upex* (Fn. 97), S. 127.

102 *Litster v. Forth Dry Dock & Engineering Co Ltd.*, [1989] IRLR 161 (House of Lords).

103 *Upex/Ryley* (Fn. 5), S. 122.

Schutz vor sozial ungerechtfertigten Kündigungen erlangen können, die bereits ein Jahr im Unternehmen tätig waren[104]. Die Rechtsprechung hatte sich nach einigem Hin und Her[105] schon vor dem Erlass der neuen Vorschriften für die uneingeschränkte Anwendung des allgemeinen Kündigungsrechts auch auf den Betriebsübergang entschieden; die Notwendigkeit einer gewissen Betriebszugehörigkeit für den Kündigungsschutz ist jetzt ausdrücklich in Reg. 7 (6) TUPE geregelt. Diese Einschränkung ist in europarechtlicher Hinsicht nicht zu beanstanden. Die Richtlinie ermöglicht es, solche Arbeitnehmer aus dem Kündigungsschutz beim Betriebsübergang herauszunehmen, die im betreffenden Mitgliedstaat nicht auch allgemein vor Kündigungen geschützt sind. Da das britische Recht einen Schutz vor ungerechtfertigter Kündigung erst nach einjähriger Betriebszugehörigkeit vorsieht, ist die Ausnahme von Arbeitnehmern mit kürzerer Beschäftigungsdauer auch in den TUPE zulässig.

Kündigungen sind als *„unfair dismissals"* im Sinne von Sec. 108 (1) ERA 1996 anzusehen, wenn alleiniger oder wesentlicher Grund der Betriebsübergang ist oder sie mit diesem zusammenhängen. Insgesamt wird man wohl sagen können, dass eine Kündigung immer dann „wegen" des Betriebsübergangs ergeht, wenn dieser für die Kündigung mit ursächlich ist oder die Kündigung erfolgte, um die TUPE zu umgehen. Ein solcher Fall liegt jedenfalls dann nicht vor, wenn es sich um ein Fehlverhalten oder eine Schlechtleistung des Arbeitnehmers handelt.

Der Arbeitgeber kann sich zur Rechtfertigung darauf berufen, dass wirtschaftliche, technische oder organisatorische Gründe eine Änderung von Arbeitsplatzstruktur und Produktionsverhältnissen erfordert hatten[106]. Diese Ausnahmen vom Kündigungsverbot wurden fast wortgetreu der Richtlinie 77/187/EWG entnommen. Wann genau dies jedoch der Fall sein kann, ist jeweils im Einzelfall zu entscheiden. Da die Rechtfertigungsgründe in den TUPE nicht definiert sind, obliegt den Gerichten die Auslegung. In einem Leitfaden[107]

104 Sec. 108 (1) ERA 1996.

105 Nach der früheren Reg. 8 (1) TUPE 1981, in der noch auf den Employment Protection (Consolidation) Act (EPCA) 1978 und die darin vorausgesetzte zweijährige Beschäftigung verwiesen war, wurde der Anwendungsbereich zunächst streng eingegrenzt, siehe *Milligan & Bailey v. Securicor Cleaning Ltd.*, [1995] IRLR 288 (Employment Appeal Tribunal). Dann ging man aber zu einer arbeitnehmerfreundlichen Auslegung über und lehnte vorübergehend die Einschränkung des Anwendungsbereiches ab. In dieser Phase konnte sich ein Arbeitnehmer, unabhängig von seiner vorangegangenen Betriebszugehörigkeit, auf die TUPE berufen. Inzwischen aber ging die Rechtsprechung wieder zu ihrer alten Auffassung zurück.

106 Reg. 7 (2) TUPE.

107 Der Leitfaden des Department of Trade and Industrie (DTI) ist zu finden unter http://www.berr.gov.uk/files/file20761.pdf.

des *Department of Trade and Industry (DTI)*[108] werden die Rechtfertigungsgründe wie folgt definiert: Ein wirtschaftlicher Grund liegt dann vor, wenn er mit dem Ertragswert oder der Marktleistung des Betriebs zusammenhängt. Ein technischer Grund greift, wenn ein Zusammenhang mit den Geräten oder dem Produktionsprozess besteht. Ein organisatorischer Grund ist gegeben, wenn das Management oder die organisatorische Struktur betroffen ist. Ein rechtmäßiger Grund liegt jedenfalls dann nicht vor, wenn der Erwerber des Betriebes die Übernahme unter die Bedingung gestellt hat, dass zunächst alle Arbeitnehmer entlassen werden. Eine Kündigung ist außerdem auch dann nicht gerechtfertigt, wenn sich der Erwerber auf organisatorische Schwierigkeiten beruft, weil hinsichtlich des übernommenen Personals andere vertragliche Regelungen bestehen als mit der ursprünglichen Belegschaft. Ist die sogenannte *„economic, technical or organisational (ETO) defence"*[109] erfolgreich, wird nach Sec. 98 (4) ERA 1996 ermittelt, ob der Arbeitgeber auch vernünftig gehandelt hat.

Zu erwähnen ist in diesem Zusammenhang auch Reg. 7 (3) TUPE, welche eine Unregelmäßigkeit der TUPE 1981 korrigieren soll. War eine Kündigung nach den TUPE gerechtfertigt, so galt sie als *„for some other substantial reason"* im Sinne des allgemeinen Kündigungsrechts; dies war etwas unglücklich formuliert im Zusammenhang mit einem entlassenen Arbeitnehmer, der *„redundancy pay"*[110] einfordern wollte. Nach der neuen Regelung aber besteht auch in diesen Fällen ein Anspruch auf Ausgleichszahlung, wenn die Voraussetzungen aus Sec. 98 (2)(c) ERA 1996 erfüllt wurden.

Die Ansprüche eines rechtswidrig gekündigten Arbeitnehmers richten sich gegen den Erwerber; wie in Reg. 4 (2) TUPE ausdrücklich festgelegt, gehen alle Rechte und Pflichten vom Veräußerer auf den Erwerber über. Demnach hat Letzterer auch die Nachteile einer Kündigung auszugleichen. Der gekündigte Arbeitnehmer kann vom Erwerber aber keine Beschäftigung verlangen, da die Kündigung nicht rechtsunwirksam ist[111]. Ein Verstoß gegen die europäischen Vorgaben ist dies nicht: Die Richtlinie überlässt es den Mitgliedstaaten, die Rechtsfolgen für einen Verstoß gegen das Kündigungsverbot festzulegen. Einzige Forderung ist, überhaupt eine Sanktion zu bestimmen; dazu genügt aber auch eine Abfindung.

---

108 Das Department of Trade and Industry war eine staatliche Behörde, die am 28.7. 2007 vom Department for Business, Enterprise and Regulatory Reform und dem Department for Innovation, Universities and Skills abgelöst wurde.

109 Die Einrede wird so genannt, weil sie sich entweder auf „economic, technical or organisational reasons" stützt.

110 Unter „redundancy payment" wird die soziale Abfindung für den Verlust des Arbeitsplatzes verstanden.

111 *Wilson v. St Helen's Borough Council,* [1996] IRLR 541 (Employment Appeal Tribunal).

Ein Arbeitnehmer, der im Zusammenhang mit einem Betriebsübergang entlassen wurde und später vom Erwerber wieder eingestellt wird, ist so zu stellen, als ob er ununterbrochen im Betrieb beschäftigt gewesen ist. Auswirkungen kann dies beispielsweise hinsichtlich Beschäftigungsdauer oder betrieblicher Altersvorsorge haben.

b) Verbot inhaltlicher Änderungen

Der Erwerber kann darüber hinaus die vertraglichen Bedingungen nicht einseitig ändern, wenn der alleinige oder wesentliche Grund für die geplanten Änderungen im Betriebsübergang liegt[112]. Dies wirft insbesondere dahingehend Schwierigkeiten auf, wenn ein Betriebserwerber die Arbeitsbedingungen der übernommenen Arbeitnehmer an die seiner anderen Arbeitnehmer anpassen will[113].

Inwieweit eine einvernehmliche Änderung der Arbeitsbedingungen im Zusammenhang mit einem Betriebsübergang vereinbart werden kann, ist umstritten. Nach europäischen Vorgaben jedenfalls ist dies ausgeschlossen. Ein Arbeitnehmer kann nicht auf Rechte verzichten, die ihm die Richtlinie 2001/23/EG zuspricht[114]. Eine Ausnahme gilt nach englischem Recht aber dann, wenn wirtschaftliche, technische oder organisatorische Gründe Veränderungen bei der Belegschaft erforderlich machen, Reg. 4 (5)(a) TUPE. Im Einklang mit der europäischen Rechtsprechung steht dies nicht[115]; die Regierung sah es aber als unlogisch an, einerseits eine Kündigung aus den oben genannten Gründen zuzulassen, andererseits aber Vertragsänderungen völlig auszuschließen[116].

In der Praxis werden diese Veränderungen seltener vorkommen, als es auf den ersten Blick erscheinen mag. Eine Veränderung im Zusammenhang mit dem Betriebsübergang ist nur dann gerechtfertigt, wenn die aufgezählten Gründe auch eine Veränderung in der Belegschaft notwendig machen. Aus der Rechtsprechung zu Kündigungen im Zusammenhang mit dem Betriebsübergang nach Reg. 8 (2) TUPE 1981[117] ergibt sich, dass es sich dabei entweder um eine Verringerung der Anzahl an Arbeitnehmern oder um eine Abwandlung der einzelnen Funktionen handeln muss. Dies verringert die Anwendungsfälle bedeutend,

---

112 Reg. 4 (4) TUPE.

113 Siehe auch *McMullen,* ILJ 35 (2006), 127.

114 In EuGH 10.2. 1988 – Rs. 324/86 (Fn. 19), 739 (Daddy's Dance Hall), wurde ausdrücklich bestimmt, dass ein Arbeitnehmer auch dann nicht auf seine Rechte verzichten könne, wenn er andere Vorteile zugesprochen bekommt, die ihn nicht schlechter dastehen lassen als zuvor. Einzig in Fällen, in denen der Arbeitnehmer nach dem Betriebsübergang im öffentlichen Bereich angestellt ist, kann eine Änderung der Arbeitsbedingungen erfolgen, wenn dies notwendig ist, um staatliche Vorgaben zu erfüllen, EuGH 11.11. 2004 - Rs. C-425/02, Slg. 2004, I-10823 (Delahaye).

115 Beispielsweise EuGH 6.11. 2003 – Rs C-4/01, Slg. 2003, I-12859 (Martin und andere).

116 *McMullen,* ILJ 35 (2006), 127.

117 *Berriman v. Delabole Salte Ltd.,* [1985] IRLR 305 (Court of Appeal).

denn hinter welcher Vertragsänderung steht schon eine Veränderung der gesamten Belegschaft[118]?

Ein weiteres Problem der Vertragsänderung ist, wie lange der Erwerber keine solche vornehmen darf. Ab welchem Zeitpunkt der Betriebsübergang nicht mehr der Grund für die Abänderung sein kann, definiert der Leitfaden der DTI: *„There is likely to come a time when the link with the transfer can be treated as no longer effective. However this must be assessed in the light of all circumstances of the individual case and will vary from case to case. There is no 'rule of thumb' used by the courts or specified in the Regulations to define a period of time after which it is safe to assume that the transfer did not impact directly or indirectly on the employer's action."*[119] Es bleibt damit Einzelfallentscheidung der Gerichte, wann die Zeit gekommen ist.

Im Fall einer unerlaubten Vertragsänderung, kommt gemäß Reg. 4 (9) TUPE eine Klage wegen *„constructive dismissal"*[120] infrage: Im Gegensatz zu den früheren Regelungen ist dies jetzt ausdrücklich in die TUPE mit aufgenommen worden; die Rechtslage wurde von der Rechtsprechung aber auch davor schon entsprechend bewertet.

Im Gegensatz zu den allgemeinen Regelungen zum *„constructive dismissal"*, die nach Reg. 4 (11) TUPE daneben anwendbar sind, stellt Reg. 4 (9) TUPE seine eigenen Voraussetzungen auf: Es kommt nicht mehr auf einen Vertragsbruch an[121], wie die Rechtsprechung für die alten TUPE[122] gefordert hatte[123]. Allerdings ist der Wortlaut von Reg. 4 (9) TUPE etwas missverständlich: *„...substantial change in working conditions to his material detriment of a person..."*.[124] Die Änderung der Arbeitsbedingungen selbst jedenfalls ist weit auszulegen und deckt ein breites Spektrum von Arbeitnehmerangelegenheiten ab, wie beispielsweise Beförderungsmöglichkeiten, Pensionen, Gewerkschaftsrechte, Gesundheit und Sicherheit oder auch Belange wie Umwelt oder Ethik.

---

118 Siehe auch DTI Leitfaden zum Betriebsübergang (Fn. 107), S. 17.

119 Siehe auch DTI Leitfaden zum Betriebsübergang (Fn. 107), S. 18.

120 Ein „constructive dismissal" ist eine erzwungene Kündigung: Der Arbeitgeber verhält sich so unerträglich für den Arbeitnehmer, dass der sich vernünftigerweise dazu gedrängt fühlen darf, das Arbeitsverhältnis zu beenden. Diese Kündigung ist dann so zu behandeln, als ob sie vom Arbeitgeber ausgesprochen worden wäre.

121 Diese Voraussetzung gilt auch für den allgemeinen Anspruch auf „constructive dismissal" nach Common Law, bestätigt beispielsweise in *Western Excavating (ECC) Ltd v. Sharp*, [1978] IRLR 27 (Court of Appeal).

122 Reg. 5 (5) TUPE 1981.

123 *Rossiter v. Pendragon Plc*, [2002] IRLR 248 (Court of Appeal).

124 *IDS* (Fn. 89), S. 303.

Wie weit auch immer man den Begriff der Arbeitsbedingungen auslegen möchte, so ist zu beachten, dass es dadurch dem Wortlaut nach zu einem erheblichen Nachteil für den Arbeitnehmer kommen muss. Ein Nachteil wird üblicherweise eher großzügig angenommen, wie man auch in anderen Zusammenhängen, zum Beispiel bei einer Diskriminierung, sehen kann[125]. Was allerdings unter einem *„material detriment"* zu verstehen ist, das wird man abwarten müssen. Im Hinblick darauf, dass die Regierung das Adjektiv in einem sehr späten Stadium eingefügt hat, wollte sie wohl etwas Objektivität in die Frage bringen, ob es zu wesentlichen Beeinträchtigungen kam; obwohl der Begriff *„substantial"* eigentlich schon unerhebliche und kleinere Änderung ausschließt, sollte die Schwelle noch etwas höher gesetzt werden[126]. Zu einem Problem könnte dies allerdings deshalb werden, weil diese Schranke in der Richtlinie nicht vorkommt.

Ausdrücklich geregelt für die Fälle des *„constructive dismissal"* wurde, dass der Arbeitgeber keinen Schadensersatz leisten muss, wenn der Arbeitnehmer in der Kündigungsfrist nicht gearbeitet hat, Reg. 4 (10) TUPE. Es steht diesem aber natürlich frei, ein *„constructive unfair dismissal"* nach den allgemeinen Regelungen geltend zu machen.

c) Kontinuität des Arbeitsverhältnisses

Eigentlich bestimmt bereits Sec. 218 ERA 1996, dass bei einem Betriebsübergang das Arbeitsverhältnis so weiterbestehen muss, wie es davor bestanden hat. Die vorher abgeleistete Arbeitszeit muss auch nach dem Übergang angerechnet werden; es handelt sich um ein durchgehendes Arbeitsverhältnis, das in seiner ursprünglichen Verfassung übergeht. Es scheint, als würde diese Regelung mit den TUPE überlappen, auch wenn die TUPE sich nicht ausdrücklich auf die Kontinuität des Arbeitsverhältnisses beziehen. Reg. 4 (2) TUPE umfasst aber alle Rechte nach oder im Zusammenhang mit dem Arbeitsvertrag; unterstellt man, die Kontinuität sei ein solches Recht, dann schützen es bereits die TUPE, wenn nicht, dann schließt der ERA 1996 jedenfalls diese Lücke.

2. Kollektive Ebene

Auch auf kollektivrechtlicher Ebene wirkt sich ein Betriebsübergang aus. Zunächst einmal wirken Tarifverträge nach dem Betriebsübergang weiter: Der Er-

---

125 *Shamoon v. Chief Constable of the Royal Ulster Constabulary,* [2003] IRLR 285 (House of Lords): Das House of Lords hat im Rahmen einer rassebezogenen Diskriminierung entschieden, dass es für den Kläger nicht notwendig ist, zu beweisen, er hätte körperliche oder wirtschaftliche Nachteile erlitten, um den Anforderungen einer Diskriminierung zu genügen.

126 *IDS* (Fn. 89), S. 303.

werber wird gemäß Reg. 5 TUPE so behandelt, als hätte er selbst den Tarifvertrag mit der Gewerkschaft abgeschlossen[127].

Die TUPE gehen sogar noch weiter; hat der Veräußerer eine Gewerkschaft als Vertretung der Arbeitnehmer anerkannt, so gilt dies auch für den Erwerber. Voraussetzung dafür ist aber, dass der Betrieb oder Betriebsteil nach dem Übergang eine selbständige Einheit bleibt und nicht in den Erwerberbetrieb eingegliedert wird[128].

3. Haftung

Ein weiterer Gesichtspunkt, unter dem der Betriebsübergang zu betrachten ist, ist die Haftbarkeit. Nach Reg. 4 (2) TUPE gehen die Rechte und Pflichten aus dem Arbeitsverhältnis auf den Erwerber des Betriebs oder des Betriebsteils über. Darunter fallen neben den Rechten aus dem Arbeitsvertrag alle gesetzlichen Arbeitnehmerrechte; Ansprüche wegen Diskriminierung etc., die vor dem Betriebsübergang entstanden sind, können gegen den neuen Arbeitgeber geltend gemacht werden.

Der Betriebsveräußerer wird bis auf die angesprochene Haftung für eine fehlerhafte Information des Erwerbers von seinen Arbeitgeberpflichten frei. Im britischen Recht ist keine Weiterhaftung vorgesehen, obwohl diese von der Richtlinie gedeckt gewesen wäre. Strafrechtliche Folgen bleiben von der Regelung allerdings unberührt[129].

4. Insolvenz

Probleme entstehen, wenn es im Rahmen eines Insolvenzverfahrens zum Betriebsübergang kommt, da der Erwerber sich beim Kauf eines insolventen Unternehmens nicht auch noch in die Gefahr einer Haftung begeben will. Außerdem soll die Übernahme solcher Betriebe gerade gefördert werden, um möglichst viele Arbeitsplätze zu erhalten[130].

Zu unterscheiden sind, entsprechend auch der EU-Richtlinien, zwei unterschiedliche Fälle der Übernahme im Rahmen einer Insolvenz: zum einen die Auseinandersetzung des Vermögens, zum anderen die Fortführung des Unternehmens, um einen Verkauf als *„going concern"* zu ermöglichen. Für den Fall, dass Teile des Unternehmens oder der gesamte Betrieb verkauft werden, können die oben genannten Grundsätze nach Reg. 8, 9 TUPE im Allgemeinen auch in

127 *Napier*, in: Lewis (Fn. 43), A1.15.
128 Reg. 6 TUPE.
129 Reg. 4 (6) TUPE.
130 *Duddington* (Fn. 3), S. 356.

der Insolvenz angewandt werden[131]. Steht das Insolvenzverfahren aber bereits unter Aufsicht eines Konkursverwalters, sind Reg. 4 und 7 TUPE laut Reg. 8 (7) TUPE nicht mehr einschlägig[132].

Die Vorschriften sind aber etwas modifiziert. Nach Reg. 8 (5) TUPE gilt das Prinzip, der Erwerber übernehme die Schulden des Veräußerers, nicht uneingeschränkt; Schulden unter den *„relevant statutory schemes"* gehen nicht über: Dazu gehören Zahlungsrückstände, Abfindungen, Urlaubsentgelt und Trennungsgeld[133]. Der Arbeitnehmer kann diese vom *„Secretay of State"* ersetzt verlangen, Kapitel VI Teil XI und Teil XII ERA 1996[134].

Darüber hinaus können sowohl der Veräußerer, als auch der Erwerber nach Reg. 9 TUPE über die allgemeine Regelung von Reg. 4 (5)(a) TUPE hinaus aus wirtschaftlichen, technischen oder organisatorischen Gründen, die eine Änderung von Arbeitsplatzstruktur und Produktionsverhältnissen erfordern, die Arbeitsbedingungen abändern. Dies kann allerdings nur mit Zustimmung der zuständigen Arbeitnehmervertretungen[135] geschehen. Einzige Veränderungen, die vorgenommen werden können, sind solche, die dazu führen, dass Arbeitsplätze gesichert werden, indem man das übergehende Unternehmen zu erhalten versucht[136]. Handelt es sich um eine nicht gewerkschaftliche Arbeitnehmervertretung, sind besondere Vorgaben zu beachten, Reg. 9 (5) TUPE: Die Zustimmung muss in schriftlicher Form ergehen und alle betroffenen Arbeitnehmer müssen noch vor der Unterschrift Kopien ausgehändigt bekommen.

VII. Zusammenfassung und Ausblick

Zusammenfassend kann man also sagen: Die Arbeitnehmer werden zu den Vertragsbedingungen, die unmittelbar vor dem Betriebsübergang galten, Arbeitnehmer des Erwerbers. Der Erwerber tritt in die Rechte und Pflichten des bestehenden Arbeitsverhältnisses zwischen Arbeitnehmer und Veräußerer ein. Die Kündigung allein wegen des Betriebsübergangs ist sozialwidrig und die Arbeitnehmervertretungen sind zu beteiligen.

---

131 Eine Zusammenfassung dieser Problematik findet sich in *McMullen,* ILJ 35 (2006), 113, 131.

132 Dies entspricht der Rechtsprechung des EuGH, siehe EuGH 7.2. 1985 – Rs. 135/83, Slg. 1985, 469 (Abels).

133 Dieses „pay in lieu of notice" muss der Arbeitgeber zahlen, wenn er die Kündigungsfrist nicht eingehalten hat. Die Höhe der Zahlung hängt davon ab, wie lange der Arbeitnehmer bei Einhaltung der ordentlichen Kündigungsfrist noch hätte arbeiten können.

134 *IDS* (Fn. 89), S. 373.

135 Dies sind entweder Gewerkschaften oder gewählte beziehungsweise ernannte Arbeitnehmervertreter.

136 *Duddington* (Fn. 3), S. 357.

Bedenkt man, dass der Betriebsübergang sehr stark von der europäischen Rechtsprechung geprägt ist, so könnte man meinen, dass sich auch die Gesetze innerhalb Europas immer weiter anpassen. Bei genauerer Betrachtung allerdings sieht man, dass sich die TUPE nach den Änderungen aus dem Jahr 2006 von der einheitlichen Linie auf europäischer Ebene abheben und sich damit auch vom deutschen Recht wieder etwas entfernt haben. Was zuvor mit Hilfe der Rechtsprechung ausgelegt wurde, hat man zum größten Teil ins Gesetz aufgenommen und ist oft sogar über die Vorgaben der Richtlinien hinausgegangen. Insbesondere die Vorschriften zum *Outsourcing* liegen weit über dem Standard anderer Länder. Es bleibt abzuwarten, ob der Rest der Staaten nachzieht oder ob Großbritannien vom EuGH angewiesen wird, sich stärker an den allgemeinen Vorgaben zu orientieren.

Anhang: Entscheidungsverzeichnis des Beitrags zum englischen Recht

Entscheidungen englischer Gerichte:

Askew v. Governors of Clifton Middle School, [1999] ELR 425 (Court of Appeals).

Berriman v. Delabole Salte Ltd., [1985] IRLR 305 (Court of Appeal).

Bolwell v. Redcliffe Homes Ltd., [1999] IRLR 485 (Court of Appeal).

Dines v. Initial Health Care Services Limited Kro, [1994] IRLR 336 (Court of Appeal).

Duncan Web Offset (Maidstone) Ltd. v. Cooper, [1995] IRLR 633, 635 (EAT).

ECM (Vehicle Delivery Service) Ltd. v. Cox, [1998] IRLR 416, 596 (EAT).

Express & Echo Publications Ltd. v. Tanton, [1999] ICR 693 (Court of Appeal).

Fairhurst Ward Abbotts Ltd. v. Botes Building Ltd., [2004] IRLR 304 (Court of Appeal).

Farrow v. Wilson, [1969] LP 4 CP 744, 746 (Court of Common Pleas).

Forest v. Forrest, [1967] KIR II, 188, IT.

Green v. Wavertree Heating and Plumbing Co. Ltd., unreported.

Holis Metal Industries Ltd. v. GMB, [2008] IRLR 187 (EAT).

Kenmir Ltd. v. Fritzels and others, [1968] All ER 414 (ET).

Kenny v. South Manchester College Kro, [1993] IRLR 265 (HC).

Kestongate Ltd. v. Miller, [1986] ICR 672, 675 (EAT).

Litster v. Forth Dry Dock & Engineering Co Ltd., [1989] IRLR 161 (House of Lords).

Lloyd v. Brassey, [1969] All ER 383, 384 (Court of Appeal).

Mackie v. Aberdeen City Council, [2006] EAT(S)/0095/04.

Michael Peters Ltd. v. Farnfield, [1995] ILRL190 (EAT).

Milligan & Bailey v. Securicor Cleaning Ltd., [1995] IRLR 288 (EAT).

Nokes v. Doncaster Amalgamated Collieries Ltd., [1940] AC 1014 (House of Lords).

P & O Trans European Ltd. v. Initial Transport Services Ltd., [2003] IRLR 128 (EAT).

Premier Motor (Medway) Ltd. v. Total Oil Great Britain Ltd., [1983] IRLR 471 (EAT).

Robert Seligman Corporation v. Baker, [1983] ICR 770 (EAT).

Rossiter v. Pendragon Plc, [2002] IRLR 248 (Court of Appeal).

Shamoon v. Chief Constable of the Royal Ulster Constabulary, [2003] IRLR 285 (House of Lords)

Sweetin v. Coral Racing, [2006] IRLR 252 (EAT).

Western Excavating (ECC) Ltd v Sharp, [1978] IRLR 27 (Court of Appeal).

Wilson v. St Helen's Borough Council, [1996] IRLR 541 (EAT).

Entscheidungen des EuGH:

EuGH 7.2. 1985 - Rs. 135/83, Slg. 1985, 469 (Abels).

EuGH 7.2. 1985 – Rs. 186/83, Slg. 1985, 519 (Arie Botzen).

EuGH 11.7. 1985 – Rs. 105/84, Slg. 1985, 2639 (Mikkelsen).

EuGH 18.3. 1986 – Rs. 24/85, Slg. 1986, 1119 (Spijkers).

EuGH 17.12. 1987 – Rs. 287/86, Slg. 1987, 5465 (Ny Mølle Krø).

EuGH 10.2. 1988 – Rs. 324/86, Slg. 1988, 739 (Daddy's Dance Hall).

EuGH 19.5. 1992 – Rs. C-29/91, Slg. 1992, I-3189 (Redmond Stichting).

EuGH 12.11. 1992 – Rs. C-209/91, Slg. 1992, I-5755 (Watson Rask).

EuGH 16.12. 1992 – verbundene Rs. C-132/91, C-138/91, C-139/91, Slg. 1992, I-6577 (Katsikas).

EuGH 14.4. 1994 – Rs. C-392/92, Slg. 1994, I-1311 (Christel Schmidt).

EuGH 8.6. 1994 – Rs. C-382/92, Slg. 1994, I-2435 (Kommission/Vereinigtes Königreich).

EuGH 19.9. 1995 – Rs. C-48/94, Slg. 1995, I-2745 (Rygaard).

EuGH 15.10. 1996 – Rs. C-298/94, Slg. 1996, I-4989 (Henke/Gemeinde Schierke und andere).

EuGH 11.3. 1997 – Rs. C-13/95, Slg. 1997, I-1259 (Süzen).

EuGH 25.1. 2001 – Rs. C-172/99, Slg. 2001, I-745 (Oy Liikenne).

EuGH 6.11. 2003 – Rs C-4/01, Slg. 2003, I-12859 (Martin und andere).

EuGH 11.11. 2004 – Rs. C-425/02, Slg. 2004, I-10823 (Delahaye).

EuGH 26.5. 2005 – Rs. C-478/03, Slg. 2005, I-4389 (Celtec).

Sachregister

A

Anwendungsbereich 27, 50, 53, 58, 64, 76-77
- der Betriebsübergangsrichtlinie 7
- grenzüberschreitende Transaktionen 76
- persönlicher 12, 46-49

Arbeitnehmerbegriff 36, 46-47, 76
Arbeitnehmervertreter 9, 11, 22, 43, 55, 65
- Erhalt der Mandate 23-24, 43
- Stellung 22, 65

Arbeitnehmervertretung 9-10, 22, 43, 65, 80-81, 89
Arbeitsinspektor 11
Arbeitsbedingungen
- Fortgeltung 13, 19, 21, 39, 56-57, 60
- einseitige Änderung 15, 60
- einvernehmliche Änderung 15, 60-61
- wesentliche Änderung 34, 61-62

Arbeitsverhältnis
- Auflösungsentschädigung 15, 18, 63
- Beendigung 15-17, 37, 62, 67, 78
- Fortsetzung mit dem bisherigen Arbeitgeber 14, 36
- Fortsetzung mit dem neuen Arbeitgeber 13, 15, 18, 37, 78
- Koninuität 2, 13-14, 87
- Übergang 11, 12, 14, 18, 32, 35, 56-57, 67, 71, 78

B

Betrieb
- Begriff 4, 30, 50, 69
- Eigenständiger 22, 23
- Gewinnerzielungsabsicht 68

- Sitz 76
- Zugehörigkeit 48-49, 83

Betriebliche Übung 58

Betriebsfortführung
- Änderung der Identität 7
- identitätswahrende (s.a. Kontinuität) 5, 7, 31-32, 50-53

Betriebsmittel 6, 8, 31, 50-51, 70, 72, 76

Betriebsstillegung 5, 52

Betriebsteil 4, 11, 30, 70, 77

Betriebsübergang
- Genehmigung durch den Arbeitsinspektor (s.a. Arbeitsinspektor) 11-12
- in arbeitskraftgepägten Branchen 7-8, 31-32, 50-51
- in betriebsmittelgeprägten Branchen 50
- im Insolvenzfall 5, 19, 88-89
- Rechtsfolgen 8, 10, 12-24, 35-43, 56-65, 67, 81-89
- Voraussetzungen 3-8, 10, 27-32, 49-55, 69-78
- Zeitpunkt 12, 35, 56, 77-78, 86

Betriebsunterbrechung 5, 52-53, 70

Betriebsvereinbarung 40, 58

C

Comité d'hygiène, de sécurité et des conditions de travail – CHSCT (Ausschuss für Gesundheits,- Arbeitsschutz und Sicherheitsbedingungen) 9

Comité d'entreprise (Unternehmensausschuss) 9, 23-24

D

Délit d'entrave (Behinderung der Funktionsfähigkeit der Personalvertretungsorgane) 10

Délégués du personnel (Personaldelegierte) 9, 23, 24

E

Eigenständige wirtschaftliche Einheit 54
- Begriff 4, 30, 69
- Gesamtbetrachtung (Sieben-Punkte-Test) 5-6, 31, 50
- Stabilität 71
- Übergang 4-5, 22,
- Wahrung der juristischen Selbständigkeit 23-24, 31-32

G

Going concern 71, 88

H

Haftung
- Ausschluss 19
- gesamtschuldnerisch (solidarisch) 19, 37, 39, 64, 81
- Eintritt in die bestehenden Rechte und Pflichten 19, 35, 39, 56-57, 88
- Rückgriffsvorbehalt 19, 64-65
- Schutzbereich 39

I

Informationspflichten 8-11, 33-34, 55-56, 79-80

Inhaberwechsel 4, 19, 27-30, 55, 67, 73

K

Kollektive Normen
- Fortgeltung 19-21, 58-59, 87-88
- Günstigkeitsprinzip 21, 59

Kollektiv wirkende Normen 19, 21-22

Konsultationspflicht 8-12, 34-35, 55-56, 81

Kontinuität (s.a. Betriebsfortführung), 5, 7, 31-32

Kündigung
- allgemeiner Kündigungsschutz 63-64, 82
- arbeitgeberseitige 16, 37, 61
- arbeitnehmerseitige 14, 37, 62
- aus Anlass des Betriebsübergangs 16-17, 37, 48, 62, 82
- aus sonstigen Gründen 16, 37, 62-63, 83
- Rechtfertigung 83

Kündigungsverbot 16, 82, 86

L

Leitende Angestellte 47

O

Öffentlicher Sektor 6-7, 28, 70

Ordre public 13

Outsourcing 73-76

R

Richtlinienkonforme Auslegung 23, 42

S

Salariés protégés 11

T

Tarifvertrag
- Fortgeltung 19, 39-43, 58, 87-88
- Abweichende Vereinbarung 41, 59
- Nachwirkung 20, 40-41
- Tarifpluralität 40, 59
- Erworbene individuelle Vorteile 20, 59

TUPE 68-69

U

Übertragungsform 4, 28-30, 53-55

- auf andere Person 73
- rechtsgeschäftlich 4, 28-29, 53, 72
- kraft Gesetz 4, 53
- Übertragung auf sonstige Weise 4, 29-30,

Unternehmen 30, 49

Unternehmensteil 49-50

V

Verbot inhaltlicher Änderungen 85

W

Widerspruchsrecht 13, 18, 36-37, 61-62, 78-79

Schriften zum Arbeitsrecht und Wirtschaftsrecht

Herausgegeben von Abbo Junker

Band 1 Christoph-N. Lerche: Der Europäische Betriebsrat und der deutsche Wirtschaftsausschuß. Eine vergleichende Analyse der betrieblichen Mitwirkung der Arbeitnehmer vor dem Hintergrund der Globalisierung der Märkte. 1997.

Band 2 Christian Walter Mecke: Zur rechtlichen Verbindlichkeit kollektiver Vereinbarungen in England. 1997.

Band 3 Katja Francke: Die betriebliche Mitwirkung der Arbeitnehmer in Belgien. Unter Berücksichtigung vergleichender Aspekte zum deutschen Betriebsverfassungsrecht. 1997.

Band 4 Christian Schulze: Die Zulässigkeit einstweiliger Verfügungen gegen Betriebsänderungen. 1998.

Band 5 Stefan Miersch: Die Rechtsfolgen mitbestimmungswidriger Maßnahmen für das Arbeitsverhältnis. Eine zivilrechtsdogmatische Untersuchung. 1998.

Band 6 Heike Wegner: Internationaler Verbraucherschutz beim Abschluß von Timesharingverträgen: § 8 Teilzeitwohnrechtegesetz. 1998.

Band 7 Julia Wichmann: Dienstleistungsfreiheit und grenzüberschreitende Entsendung von Arbeitnehmern. 1998.

Band 8 Johann-Volker Peter: Société par actions simplifiée (S.A.S.). Die Vereinfachte Aktiengesellschaft in Frankreich, eine Rechtsform für die Kooperation von Unternehmen. 1999.

Band 9 Sylvia Schnelle: Der Europäische Betriebsrat in Spanien. Zugleich eine Einführung in das spanische Recht der Arbeitnehmervertretung. 1999.

Band 10 Viktoria Bornhagen: Die Zumutbarkeit als Rechtsgedanke im Arbeitsrecht. 1999.

Band 11 Thorsten Schacht: Der Übereilungsschutz beim arbeitsrechtlichen Aufhebungsvertrag. Arbeitnehmerschutz bereits de lege lata? 2000.

Band 12 Marcus Hellmann: Immobilienkauf nach spanischem Recht. 1999.

Band 13 Nicolaus Johannes Ehinger: Die juristischen Personen des öffentlichen Rechts als herrschende Unternehmen. 2000.

Band 14 Alexander Lentz: Das kollektive Arbeitsrecht der Republik Südafrika. Eine Untersuchung mit Bezügen zum deutschen Recht. 2000.

Band 15 Michaela Brunssen: Der Arbeitgeberverbandswechsel. Tarifrechtliche und arbeitskampfrechtliche Konsequenzen. 2000.

Band 16 Morten Petersenn: Das Recht des Grundstückskaufs in Südafrika. 2000.

Band 17 Stefan Krüger: Die umwandlungsrechtliche Haftungsregelung bei der Betriebsaufspaltung und ihre Analogiefähigkeit. 2001.

Band 18 Jürgen Kitzinger: Der GmbH-Geschäftsführer zwischen Arbeits- und Gesellschaftsrecht. Im Blickpunkt: Zuständigkeit der Arbeitsgerichte. 2001.

Band 19 Anja Ruge: Die Lohnersatzansprüche ehemaliger Zwangsarbeiter gegen deutsche Industrieunternehmen. 2001.

Band 20 Michael Knoll: Die Sozialauswahl im Arbeitsrecht. 2001.

Band 21 Britta Albrecht: Mediation im Arbeitsrecht. Individualarbeitsrecht und Betriebsverfassungsrecht. 2001.

Band 22 Annusch Barten: Das System der Arbeitnehmervertretung in Frankreich. 2001.

Band 23 Diane Westera: Der Wiedereinstellungsanspruch nach wirksamer Kündigung. 2001.

Band 24 Kristin Doerlich: Die Tariffähigkeit der Gewerkschaft. Eine Analyse der Mächtigkeitsrechtsprechung des Bundesarbeitsgerichts im Lichte neuerer Erfahrungen. 2002.

Band 25 Tina Witten: Vertragsgestaltung und Gesetzesbindung im Recht der Zeitarbeit. 2002.

Band 26 Martin Hellfeier: Die Leistungszeit im Arbeitsverhältnis. Eine Untersuchung zum Fixschuldcharakter der Arbeitspflicht und zu den Folgen ihrer Nichterfüllung. 2003.

Band 27 Almut Maulshagen: Betriebliche Arbeitskampfregelungen. 2003.

Band 28 Maren Band: Tarifkonkurrenz, Tarifpluralität und der Grundsatz der Tarifeinheit. 2003.

Band 29 Manuela Schulz: Der Bereitschaftsdienst in öffentlich-rechtlich organisierten Krankenhäusern. Eine rechtliche Bewertung. 2003.

Band 30 Felix Benedikt: Die Kürzung von Tariflöhnen zur Sanierung. Eine verfassungskonforme Auslegung des § 3 III TVG entsprechend § 626 BGB. 2003.

Band 31 Tim Kaden: Individuelle Bündnisse für Arbeit und Günstigkeitsprinzip. 2003.

Band 32 Simone Kreiling: Die Erstreckung betrieblicher und betriebsverfassungsrechtlicher Tarifnormen auf Außenseiter. 2004.

Band 33 Carsten Beck: Betriebliche Mitbestimmung und Kündigungsschutz. Die Funktionen betrieblicher Mitbestimmung im und deren Einfluß auf den Kündigungsschutz nach dem KSchG. 2004.

Band 34 Jost Eder: Die Regelungsabrede als Alternative zur Betriebsvereinbarung bei der Gestaltung materieller Arbeitsbedingungen. 2004.

Band 35 Christian Pfab: Wirkungsweise und Reichweite tarifvertraglicher Öffnungsklauseln. 2004.

Band 36 Julia Amlang: Die unternehmerische Entscheidungsfreiheit bei „betriebsbedingten Kündigungen" im europäischen Rechtsvergleich. Kündigung aus wirtschaftlichen Gründen in Deutschland, Frankreich, Spanien, Großbritannien und Schweden. 2005.

Band 37 Alida Milthaler: Das Fragerecht des Arbeitgebers nach den Vorstrafen des Bewerbers. 2006.

Band 38 Doreen Peter: Nebentätigkeiten von Arbeitnehmern. Interessenkollisionen von Arbeitgebern und Arbeitnehmern. 2006.

Band 39 Julia V. C. Bartlog: Das Verhältnis von Gesetz und Tarifvertrag. 2006.

Band 40 Michael Fuhlrott: Der geschädigte Arbeitnehmer. Zur Verfassungsmäßigkeit des Ausschlusses von Schmerzensgeld in der Unfallversicherung sowie zur Herleitung der Haftung bei Eigenschäden im Hinblick auf das Verschuldensprinzip. 2006.

Band 41 Femke Reinecke: Leistungsbestimmung des Arbeitnehmers. 2006.

Band 42 Maria M. Bausback: Der Bestandsschutz des Arbeitsverhältnisses auf europäischer und internationaler Ebene. Entwicklungen vom Mittelalter bis zur Gegenwart. Teil 1 / Teil 2. 2007.

Band 43 Jens Günther: AGB-Kontrolle von Arbeitsverträgen. Analyse der deutschen Rechtslage nach der Schuldrechtsreform und vergleichende Betrachtung des österreichischen Kontrollsystems. 2007.

Band 44 Claudiana Triskatis: Ethikrichtlinien im Arbeitsrecht. 2008.

Band 45 Annette Bruder: Die Weitergabe von Insiderinformationen durch Arbeitnehmervertreter. 2008.

Band 46 Ute Dietrich: Nichtraucherschutz am Arbeitsplatz. 2008.

Band 47 Markus Ebert: Übertragung und Zuordnung von Versorgungsverpflichtungen gegenüber Arbeitnehmern im Rahmen einer umwandlungsrechtlichen Spaltung. 2008.

Band 48 Susanne Schneider: Broad-based Black Economic Empowerment in der Republik Südafrika. 2008.

Band 49 Mandy Reichel: Die Einbeziehung des Außenseiter-Arbeitgebers in den Verbandsarbeitskampf. 2008.

Band 50 Abbo Junker (Hrsg.): Betriebsübergang in Europa. Symposion aus Anlass des 10-jährigen Bestehens der Schriften zum Arbeitsrecht und Wirtschaftsrecht am 10.10.2008 in München. 2009.

Kolibri 360 GmbH
Ferdinand-Jühlke-Straße 7
99095 Erfurt, Deutschland
produktsicherheit@kolibri360.de